巻頭言

編集委員長 **井上 雅彦**（鳥取大学医学系研究科臨床心理学講座）

　2020 年は COVID-19 の猛威の中、年次大会も中止となってしまいました。この巻頭言を執筆している現在も日本のいくつかの都市は緊急事態宣言下にあり、自閉スペクトラム症のある方、そのご家族、そして支援に携わっておられる会員の皆さまにおかれましては、ウイルスとの見えない戦いの中、日々予断を許さない状況にあるかと思います。このような中にありながらも、会員の皆様、編集委員の皆様のご協力のもと、本誌を予定通り刊行できることを嬉しく思います。深く感謝申し上げます。

　今回も実践的な研究を中心に多くの論文を掲載することができました。年々、掲載本数、内容とも充実してきていると思います。投稿数の増加に伴い新たに 3 名の編集委員の先生方にご協力いただくことになりました。さてお気づきの会員も多いと思いますが、本年度より投稿規定・編集規定の一部を改定しております。大きく変わった点は、実践報告と調査報告以外の投稿区分については英文要約をつけていただくようにしたことです。本誌は発刊後一年を経過した号より J-STAGE にて全文を公開しております。アクセス状況を分析してみますと英文要旨で検索されている件数も次第に多くなっていることがわかりました。編集委員会では英文要旨が添えられることで皆様の論文が国際的に認知され発展のきっかけになればと考えております。現場の先生方にとって投稿へのハードルが高く感じられる方もおられるかと思いますが、最近ではインターネットでの翻訳サービスが普及してきており、だれでも利用できるようになっております。若干の費用が掛かりますが学術研究の発展にご理解の程よろしくお願いいたします。新投稿規定、編集規定はホームページを参照ください。また投稿原稿の Word 書式をダウンロードできるようにしておりますので投稿の際にご利用いただければと思います。

　最後に投稿論文の中での重要ポイントを一つとりあげておきたいと思います。それは事例に関する倫理的配慮の記述です。普段の現場での実践を研究として論文化する場合、著者の所属から対象児・者が特定されやすくなります。そのような場合、個人が特定されるリスクをできるだけ最小にするため、論文の趣旨に関連しない情報は省略するなど個人情報の記述には細心の配慮をお願いしているところです。また同意取得についても対象児者の保護者はもちろん、可能な限りご本人についても説明と同意の努力をお願いしています。自閉症や知的障害がある方においてもわかりやすい説明、そして同意を得るための工夫や努力が研究者に必要とされています。これらの同意取得のプロセスは論文中に記載していただくようお願いします。学術論文がネット公開され、誰でもアクセス可能となり、研究や実践の知見が共有される便利な時代であるからこそ個人情報の保護やきちんとした説明と同意についてはより重視されるところです。今後とも皆様のご理解とご協力の程よろしくお願い申し上げます。

Contents |目次|

The Japanese Journal of Autistic Spectrum

自閉症スペクトラム研究

第18巻　第2号
February　2021

The Japanese Journal of Autistic Spectrum 2021, Vol.18-2, 5-13

実践研究

給食場面における自閉症スペクトラム生徒の
激しい行動問題の改善

Improving severe behavioral problems of an autistic spectrum student during school lunch

伊藤 功（北海道教育大学大学院 教育学研究科）
Takumi Ito（*Hokkaido University of Education*）

青山 眞二（北海道教育大学札幌校）
Shinji Aoyama（*Hokkaido University of Education*）

■**要旨**：本研究では、重度知的障害のある自閉症スペクトラム生徒1名を対象に、給食場面の奇声や机たたき、廊下への飛び出しなどの激しい行動問題に対し、機能的アセスメントに基づく指導を行った。機能的アセスメントの結果から、行動問題は給食の待ち時間に生起することが多く、行動の機能は教師から注目を得ることと、待つ状況に対する逃避機能であると推定された。そこで、学級担任と協議の上、着席して音楽を聴いて待つことを目標として指導を行った。その結果、激しい行動問題は改善し、給食の待ち時間に対する着席率が安定した。前兆行動を含む行動問題のレベルに応じた対応方法を事前に決定し、担当教師間の共通理解の下で指導を実施することの有効性が示唆された。

■**キーワード**：自閉症スペクトラム、行動問題、機能的アセスメント、特別支援学校、文脈適合性

Ⅰ. 問題の所在と目的

　重度知的障害のある自閉症者については、コミュニケーション上の制限から行動問題のリスクが高まることが指摘されている（Sigafoos et al., 2003）。清水ら（2006）が知的障害特別支援学校を対象に行った調査では、自傷、他害、粗暴な行動などの行動上の問題を示す生徒がいる学校の割合は88.3%となっており、学校現場において行動問題に対する指導は重要な課題である。知的障害や自閉症スペクトラムのある生徒の行動問題に対して Positive Behavioral Support（以下、PBS）という考え方がある（Koegel et al., 1996）。PBSの特徴は、単に行動問題を低減させるのではなく、それに代わる適切な行動を形成することで、QOLを高めることに重点を置くことにある。まず、機能的アセスメントに基づき行動問題を予測し、維持する要因を同定する。次に、機能的アセスメントの結果に基づき行動問題を起こさざるを得ない状況から、起こさなくてもすむ状況に変える介入を計画すること

が特徴である（平澤，2000）。機能的アセスメントに基づく介入が確実な成果を実現するためには、①支援計画が機能的アセスメントと行動分析学の基礎原理に一致しているかという技術的基準、②支援計画が対象者や支援者を含む関係者の価値観や技能、操作可能な資源に適合しているかという文脈的基準がある（平澤他，2003）。

　しかし、特別支援学校における行動問題への支援については、教員の知識やスキルの不足を要因とする技術的な課題と、他の教員の理解や協力といった支援体制の不備などの文脈的な課題が指摘されている（加藤・小笠原，2017）。実際の学校現場では、行動上の課題を示す生徒の指導において、叱責や注意などの直接的な指導がなされることが多く（小笠原・守屋，2005）、不適切な行動の強化により、激しい行動問題にエスカレートすることがある。下山・園山（2010）は、激しい自傷行動に対し、前兆行動と行動問題をレベル1から4の反応クラスに序列を整理し、指導を行った。これらを参考に、行動問題のレベルを整理し、さらにはレベル毎に対応方法を決定し共通理解を

図ることが、教師の適切な対応を促し行動問題の対応に一貫性を持たせられると考えられる。

そこで、本研究では給食場面において奇声や机たたき、廊下への飛び出しなどの激しい行動問題のある自閉症スペクトラム生徒に対し、機能的アセスメントに基づく指導を行った。その上で、学校現場における行動問題改善のための教師間の連携及び具体的な指導方法の在り方について検討する。

Ⅱ．方　法

1．対象生徒

特別支援学校高等部2学年に在籍する重度知的障害のある自閉症スペクトラム男子生徒1名（以下、A児）を対象とした。学校生活全般において、奇声を上げる、教室から廊下に飛び出す、壁や机をたたくという3つの行動問題が毎日高頻度で生起し、学級担任（以下、担任）または学年付き教諭により常時マンツーマン対応を行っていた。A児の奇声や机たたきにより、耳を塞ぎながら泣き出したり、気持ちが不安定になったりする生徒もおり、他児への影響も大きかった。また、週に2〜3回、教師をたたいたり、眼鏡を取ったり、靴下を脱いで投げたり、靴下を水で濡らしたりする行動も見られていた。普段と違う教師が指導にあたった場合には、行動問題がエスカレートすることが多かった。

Vineland-Ⅱ適応行動尺度では、適応行動総合得点は20点で、全般的な適応水準は低い生徒であった。相当年齢については、「コミュニケーション領域」で、受容言語1：4、表出言語0：10、読み書き3：4、「日常生活スキル領域」で、身辺自立3：8、家事4：4、地域生活0：7、「社会性領域」で、対人関係0：7、遊びと余暇0：2、コーピング2：1であった。不適応行動指標については、衝動的、身体的な攻撃などの項目が当てはまり、不適応水準は「高い」という結果であった。異常行動チェックリスト日本語版（ABC-J）では、興奮性23点、無気力2点、常同行動0点、多動26点、不適切な言語0点であった。表出言語はなく、コミュニケーション手段はジェスチャーで「トイレ」に行きたい、お茶を「飲みたい」、「お願いします」の3つのみを伝えることができた。てんかんによる睡眠リズムの乱れがあり、医療機関で服薬の調整を行っていた。

A児の行動問題は給食場面で頻発しており、奇声を上げたり、机をたたいたり、教師に視線を送りながらテーブルの周りを逃げまわったり、ランチルームから走って廊下に飛び出したりする行動が見られていた。

2．文脈適合性における課題

担任が作成し学年で検討された個別の指導計画におけるA児の重点目標は、「日課に沿って教師と一緒に落ち着いて行動する」であった。しかし、誰が、いつ、どのような手続きで指導を実施するかについて具体性に乏しく、また、検討時間も十分ではなかったことから指導計画の妥当性に課題があった。また、日常的な観察から、A児の行動問題に対して教師が注意や制止することで、不適切な行動が強化されエスカレートしていく様子が見られた。

そこで、A児の重点的指導場面を設定し、担当教師間で具体的な指導計画の共通理解の下に指導を行う必要性があると判断した。指導場面については、行動問題が頻発する給食場面から開始することが望ましいと考えた。その際には、PBSの考え方を基に、機能的アセスメントを用いながら応用行動分析学に基づく技術的な基準を担保するとともに、人的環境である教師の価値観や技能、知識を適合させ、担当教師間の連携の下に行動の「機能」に着目した根拠に基づく指導を行う必要があると考えた。

3．指導期間・指導場面・指導者

201X年9月末から201X＋1年1月までの長期休業中を除く約3カ月半、ランチルームで給食指導の様子を記録した。ただし、個別に給食を食べるなどの特別な事由のある日は除いた。教員、生徒約70名が、学級毎にテーブルに座って食事をしていた。担任、A児、学年付き教諭であった第一著者の順に座り、基本的にこの2名で指導を行った。第一著者は、現職教員である大学院生であった。

4．行動問題の機能的アセスメント

A児の給食場面の行動問題に対して、平澤・藤原（2001）を参考に第一著者が機能的アセスメントを実施し、行動の機能を推定した。MAS（Motivation Assessment Scale: Durand & Crimmins, 1990）を実施し、担任への聞き取りと直接観察をもとに、行動問題が起こりやすい状況や行動の随伴性を整理した。

（1）MASによる査定

A児の給食場面における高頻度の行動問題は、奇声

表 1　MAS による給食場面における行動問題の査定

| 行動問題 | 各機能の平均点 | | | | 推定される機能 |
	感覚	逃避	注目	物	
奇声	1.0	0.8	<u>4.0</u>	2.0	注目、要求
机をたたく	0.5	3.25	<u>3.75</u>	3.0	注目、逃避、要求
飛び出し	1.0	1.8	<u>4.3</u>	1.3	注目、逃避

※数値の下線は相対順位が 1 位の機能を示す

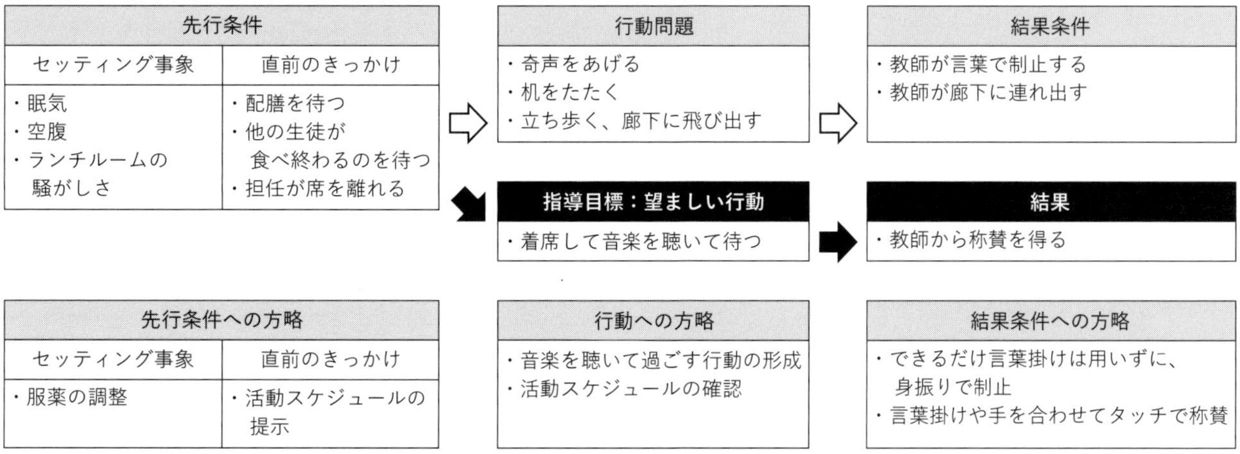

図 1　機能的アセスメントに基づく行動問題の随伴性と指導計画

声を上げる、机をたたく、ランチルームから廊下に走って飛び出すの 3 つであった。これらの行動問題は、注目機能が 3.75 点から 4.3 点と高得点で、主に教師からの注目を得る機能を有していると推定された。机たたきについては、待つ状況や騒がしい環境からの逃避機能も併せ有していることが推定された（表 1）。

(2) 担任への聞き取りと直接観察

担任への聞き取りと直接観察による記録から、給食場面の 3 つの行動問題が生起しやすい条件を明らかにした（図 1）。その上で、セッティング事象としては、睡眠リズムの乱れによる眠気や、空腹が推定された。また、泣きながら大声を出す生徒がいるなど、ランチルームが騒がしいときにも行動問題が生起しやすかった。行動問題が起こりにくい条件としては、給食の配膳中に A 児が担任と手遊びしているときや、給食を食べているときであった。直前のきっかけとしては、給食の配膳を待っている、他のクラスメイトが食べ終わるのを待っている、担任が他の生徒のおかわりの対応で席を離れることがあげられた。結果条件としては、行動問題に対し強めの語気で「やめなさい」や、「座りなさい」と指示的な言葉で制止したり、廊下に連れ出したりする随伴性が生じていた。それらの教師の対応が注目機能や逃避機能を有する行動問題の強化

因となっていると推定された。

行動問題の前兆行動として、担任に視線を送りながらにやにやと笑ったり、「うははははは」、「うおっ、うおっ」という声を出したりする行動が見られていた。その後、給食の配膳や他のクラスメイトが食べ終わるのを待っているときには、奇声を上げて机をたたく、立ち歩きが生じる、ランチルームから飛び出すという順で生起することが多かった。担任が他の生徒のおかわりの対応で席を離れたときには、「きゃー」と奇声を上げながら離席し、担任に視線を送りながら走って廊下に飛び出すことが多かった。行動問題の生起要因について整理したところ、まず、注目機能を有する奇声、その後に待つ状況に対する逃避機能を有した机たたきが生じ、廊下に飛び出す行動が生起していると推定された。ただし、担任が他の生徒のおかわり対応時に生起する奇声や廊下への飛び出しについては、担任から注目を獲得する機能であると推定された。

これらの行動問題は、徐々にエスカレートしていく様子が見られた。そこで、下山・園山（2010）を参考に、前兆行動を含む行動問題の強度をレベル 1 から 3 の 4 段階に整理し、レベル 3 を「激しい行動問題」と定義した（表 2）。A 児の前兆行動に対し、教師が制止しようと一歩近づく、A 児の手を引く、言葉掛け

表2 給食場面における行動問題のレベル

前兆行動	行動問題	レベル1	レベル2	レベル3：激しい行動問題
・教師に視線を送りながら、にやにやと笑う。 ・「うははは」「うおっ、うおっ」と声を出す	奇声	小さい、2回以下	大きい、3〜9回	非常に大きい 又は10回以上連続する
	机たたき	弱い、2回以下	強い、3〜9回	強い、10回以上連続する
	立ち歩き飛び出し	教師に視線を送ってにやにやと笑い、立ち歩いて教師から遠ざかる	ランチルームから走って飛び出し、逃げる	教師の制止に対して、教師を強く押して振り切る 又は教師や壁を強くたたく

※回数については、1分間あたりの回数

するなど、教師の対応の1つ1つが刺激の二重機能性により注目機能をもつ行動の強化因となっており、行動問題のエスカレートにつながっていると推定された。

5. アセスメントに基づく指導計画の立案

前述した平澤・藤原（2001）の立案様式を参考に指導計画を立案した。①第一著者が担任に対して機能的アセスメントの結果を説明し、共通理解を図る、②アセスメント情報をもとに担任と指導目標について協議を行い、第一著者が指導計画を作成、③作成後に、現在の指導体制において実施可能かどうか、担任、学年主任との協議を行い、指導計画を修正、④第一著者が前兆行動を含む行動問題への対応をレベル毎に検討し、担任と学年主任と協議を通して修正を図りながら対応方法を決定するという流れで共通理解を図った。

指導目標は、担任と協議の上「着席して音楽を聴いて待つ」という望ましい行動とした。目標設定においては、機能的に等価な代替行動を目標とすることも検討できる。A児にとっては、教師との手遊びによって注目を得ることが代替行動になると考えられた。しかし、A児の卒業後の社会生活を見据えた際に、食事時間にはいつでも支援者が近くにいて同様の対応ができるとは考えにくいため、音楽を聴きながら待つ行動を形成することが将来の生活を見据えた指導目標になると考えた。指導場所については、個別に別室で指導することが望ましいが、継続的な指導を実施するにあたり、協議結果から現在の指導体制という文脈から対応が困難であると判断し、ランチルームで指導を実施することとした。実施可能な条件を考慮しながら、先行条件、行動、結果条件に対して次のような方略を立て、指導計画を決定した（図1）。

先行条件への方略は、①睡眠記録による医師への情報提供と服薬の調整、②給食時間の活動スケジュールを提示し、待つことに対して見通しがもてるようにす

ることとした。行動への方略は、①ただ単に待つのではなく、音楽を聴いて過ごす行動を形成する、②音楽を聴いて過ごす時間が分かるように、教師と一緒に活動スケジュールを確認するとした。ランチルームで音楽を流すことについては、他の生徒の食事に支障をきたさないか、他の教師にも確認を行い、了解を得た。結果条件への方略は、①教師の言葉掛けが不適切な行動の強化因とならないように、できるだけ言葉掛けは用いずに、身振りで制止する、②望ましい行動を強化するために、着席して待てたときには言葉掛けや手を合わせて称賛するとした。ただし、激しい行動問題が生じた場合は、外に連れ出し気持ちを落ち着けるとした。この対応については、逃避機能を有する行動問題の強化因となっていると考えられた。しかし、こうした状況でランチルームの外に出さなければ、現実的に他の生徒への影響が大きい。そこで、これらの方略に加え、前兆行動を含めた行動問題のレベルに応じた対応を検討し、行動問題がエスカレートして激しい行動問題に至らないための教師の対応を決定した（表3）。

6. 指導手続き

（1）ベースライン期

201X年10月3日から10月9日までの4日間、ランチルーム入室から退室までの時間、新たな介入は行わず、A児の行動及び担任の対応について直接観察及び記録を行った。4日目の10月9日の放課後に、担任と学年主任、第一著者の3名で指導計画と行動問題のレベルに応じた対応方法について60分間の打ち合わせを行い、共通理解を図った。

（2）使用教材

①活動スケジュール

45mm四方のラミネート加工を施したカードで、裏面にマジックテープを貼り、スケジュールボードから着脱できるものを使用した。提示した内容は、①きく、②いただきます、③おかわり、④きく、⑤ごちそ

表3　行動問題のレベルに応じた対応

前兆行動	レベル1	レベル2	レベル3：激しい行動問題
・視線を逸らして、注目を与えないようにする。	・視線を逸らして、注目を与えないようにする。（奇声、机たたき） ・A児の手を引いたりはせずに、手のひらを見せて制止サイン示しながら、トーンを下げて「落ち着いて」と言葉掛けする。（立ち歩き）	・気をつけの姿勢を促し、指差ししながら、トーンを下げて「おかしいよ」や「静かにね」と言葉掛けする。（奇声、机たたき） ・すぐにA児の所へ行き、手のひらで制止サインを示しながら、落ち着いた表情になるまで無言で待つ。（飛び出し）	・他児への影響が少ない廊下へ連れて行き、落ち着くまでレベル2と同様に対応する。 ・教師や壁をたたく強度がエスカレートし、器物破損や怪我等が予測される場合は、安全確保を優先し、制止する。強い語気での注意は避ける。

うさま、⑥かたづけ、であった（図2）。提示した活動内容が終了する毎に、「おわり」と書かれた箱にA児がカードを入れるようにした。

② Bluetooth スピーカー

ANKER 社製の「Sound Core Sports」（寸法：約85mm × 85mm × 45mm）を用いた。待ち時間に音楽を流す際には、A児の正面約35cmのテーブル上に設置した。

③リラクセーション音楽

音源は、株式会社 Della. の牧野真理子監修（2007）「自律神経にやさしい音楽」を用いた。POMS（気分プロフィール検査）により、CD聴取後にリラックス効果が検証されている音楽であった。音楽の使用に当たっては、主治医の許可を得て行った。

（3）指導期

行動問題のレベルに応じた対応に基づき、指導を開始した。担任と第一著者で細かな対応方法について随時確認・調整しながら指導を行った。

①第Ⅰ期

活動スケジュールと音楽を用いた環境設定の下、9日間指導を行った。ランチルームに入室し、A児が席に座った直後に担任が活動スケジュールを指差しや言葉掛けを用いて確認させた。その後、音楽を流して配膳が終わるまで待つように促した。また、給食をおかわりした後にも、活動スケジュールを確認させ、再び音楽を聴いて待つように促した。

②第Ⅱ期

第Ⅰ期では、ランチルームが日によって騒がしいこともあり、音楽の音量を上げてもA児の注意が音楽に向ききらないこともあった。また、A児の前兆行動に対し注目を与えないようにすることで、一時的に消去抵抗により行動問題の生起率の上昇が予測された。そこで、行動問題の生起率が下がったタイミングで第Ⅱ期の指導へ移行することとした。第Ⅱ期

図2　給食場面に用いた活動スケジュール

においては、着席して音楽を聴く行動に対して、対立行動分化強化（DRI: Differential Reinforcement of Incompatible behaviors）を行う手続きを開始し、24日間指導を行った。強化スケジュールは、ストップウォッチで確認しながら、おおよそ30秒毎とし、「音楽を聴いていてえらいね」などの言葉掛けや、A児と手を合わせてタッチすることで、着席して音楽を聴く行動に対して注目を与えた。達成基準は、待ち時間に対する着席率90％以上、かつ激しい行動問題が生起しない日が7日間連続、その期間が2回あることとした。

（4）フォローアップ期

フォローアップ①については、第Ⅱ期と同条件で5日間実施した。フォローアップ②については、長期休業明けにDRIを実施しない条件で5日間実施した。

7. データの分析方法と信頼性

A児のランチルーム入室から退室までの全ての試行をVTR撮影し、その日のうちにVTR分析を行い、具体的なエピソードについて記録した。1分間インターバル記録法で、行動問題が生起しない場合は0、行動問題が生起した場合には、レベルを1から3で記録した。1分間の間に、強度が異なる行動が生起した場合には、強度の最も大きいレベルを記録した。ただし、A児がランチルームから廊下に飛び出し、VTRで撮影しきれなかった場面については、ランチルームに戻った直後に担任が記録用紙に記入した数値を信

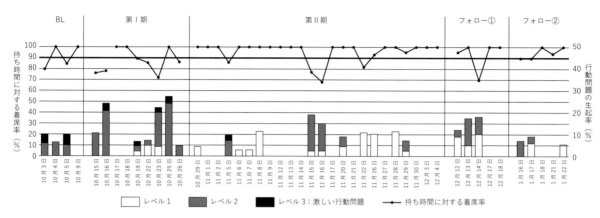

図3　給食時間における行動問題の生起率と、待ち時間に対する着席率

頼できるものとして採用した。着席率（％）は、（着席していたインターバル数）÷（総インターバル数）×100によって算出した。行動問題の生起率は、（行動問題が生起したインターバル数）÷（総インターバル数）×100で算出した。その上で、データの信頼性の評定のため、全指導期の約20％にあたる10試行をランダムに抽出し、評定者2名（第一著者と担任）により、行動問題の生起について独立して観察者間一致率を算出した。一致率は、（一致したインターバル数）÷（総インターバル数）×100により算出し、その結果、97.7％であった。

8. 社会的妥当性

研究終了後に、担任及び学年主任に対して社会的妥当性についてアンケートを実施した。項目は、指導の効果、指導方法の妥当性、指導体制などで構成され、5件法で回答を求めた。

9. 倫理的配慮

著者が所属する大学院の研究倫理委員会の承認を受け、本研究を実施した。その上で、対象生徒の保護者に対し、研究の目的や指導の手続き、研究の成果の公表について説明した。また、研究の協力はいつでも拒否できること、その際には一切の不利益を被ることがないことを説明し、同意書に署名・捺印を得た。特別支援学校の校長にも同様の説明を行い、了解を得た。

Ⅲ．結　果

全指導期間の行動問題の生起率、給食の待ち時間に対する着席率をグラフで示した（図3）。待ち時間に

対する着席率は、A児が給食を食べている時間を除いたものである。ランチルーム入室から退室までの給食時間の平均は35.4分、待ち時間の平均は19.4分であった。

1. 行動問題の生起率と待ち時間に対する着席率の推移

ベースライン期の行動問題の生起率の平均は7％であった。激しい行動問題が4日間のうち2日間で生起し、2日間とも教師をたたく行動が生起した。10月3日は、給食を食べ終わった後に、奇声、机たたき、廊下へ飛び出しが生起し、指示的な言葉掛けで制止に入った担任を強くたたく行動が12回生起した。10月5日は、レベル3の奇声や机たたきに対し、廊下へ連れ出した担任を強くたたく行動が1回生起した。ベースライン期における給食の待ち時間に対する着席率の平均は93％であった。

第Ⅰ期では、行動問題の生起率の平均は11％であった。9日間のうち7日間で行動問題が生起した。激しい行動問題は4日間生起し、いずれも教師をたたく行動が生起した。10月16日については、奇声を上げながら廊下に走って飛び出し、対応した担任を強くたたく行動が3回生起した。その後、担任とトイレにて排尿を済ませると行動が落ち着いた。このことから、行動の機能がトイレに行きたいという要求であった可能性を排除することができないため、翌17日からは、給食前にトイレに行くことを促すように条件変更を行った。10月17日、18日の2日間は行動問題が生起しなかったものの、10月19日より再び激しい行動問題が生起した。10月25日のみ、担任が出張のため不在となり、代わって学年主任が指導に入り、指導者変更となった。ランチルーム入室前からレベル2の行動問題が生起しており、さらには隣に座った学年主任の

表4　社会的妥当性の結果

	担任	学年主任
1. 給食時間の行動問題は、改善されたと思いますか。	4	4
2. 給食の待ち時間の行動で、落ち着きが見られるようになったと思いますか。	4	4
3. スケジュールの提示は有効であったと思いますか。	4	4
4. BGM を聴いて待つという指導方法は、有効であったと思いますか。	4	4
5. BGM の使用は、他の生徒に支障はありませんでしたか。	5	5
6. 学級運営や学年運営に支障なく、指導が行えていたと思いますか。	2	4
7. 指導者が変わっても、指導効果の持続が期待できる指導方法であると思いますか。	4	3
8. 今後も継続して取り組んでいきたい指導方法であると思いますか。	3	4

※5 とてもそう思う　4 そう思う　3 どちらでもない　2 そう思わない　1 全くそう思わない

注目を得ようと、笑いながら机をたたく行動が 17 回連続して生起するなど、行動問題の生起率が 27％まで上昇した。第 I 期においては、ランチルームからの飛び出し、さらには飛び出し後に走って逃げまわる行動が度々生起した。また、激しい行動問題が生起したため、廊下にて落ち着くように促す対応をしたこともあり、待ち時間に対する着席率の平均は 87.6％であった。90％を下回る日が 9 日間のうち 5 日間あった。

第 II 期では、行動問題の生起率の平均は 5％で、激しい行動問題については、24 日間のうち 1 日のみの生起であった。指導期間の 50％にあたる 12 日間で行動問題は生起しなかった。11 月 5 日については、他の生徒が大声を出している騒がしい状況に対し、A 児がレベル 2 の奇声を上げ続ける様子が見られた。奇声を上げることで音楽が聴こえなくなり、音楽に注意が向かなくなった。そのため、DRI を行うも机をたたく行動がエスカレートし、その後担任を強くたたく行動が 3 回生起した。11 月 15 日は、他の生徒が大声を上げている状況で、前兆行動の後にレベル 2 の奇声を上げ続ける様子が見られた。A 児の奇声に反応して泣きだした生徒がいたため、A 児が落ち着くまで担任がランチルームの外に連れ出した。そのため、着席率が 77％となった。翌 16 日には、離席に対してすぐに対応したものの、レベル 2 の奇声や机たたき、ランチルームの外へ走って飛び出す行動が生起した。この日は、一度ランチルームに戻った後も担任から逃げまわろうとする行動が続き、待ち時間に対する着席率は 68％と低い値となった。第 II 期における待ち時間に対する着席率の平均は、95.9％であった。90％以下の日は、24 日間のうち 4 日間であった。11 月 6 日からの 7 日間、11 月 26 日からの 7 日間で 90％以上が連続して維持された。

フォローアップ①では、行動問題の生起率の平均は 10％で、レベル 2 の行動問題が 3 日間連続で生起した。12 月 12 日は、いつもあるはずのおかわりがなく、翌 13 日は A 児の牛乳が配り忘れられていたことに対し、要求機能を有した奇声が生起したと推定された。また、12 月 14 日は、レベル 1 の立ち歩きに対応したものの、その後レベル 2 の奇声が持続した。他の生徒への影響があったため、担任が廊下に連れ出したこともあり、待ち時間に対する着席率は、70％まで低下した。フォローアップ①における、待ち時間に対する着席率の平均は 93％であった。フォローアップ②では、長期休業明けに DRI を実施しなかったが、待ち時間に音楽に聞き入る様子が見られ、行動問題の生起率の平均は 4％、待ち時間に対する着席率の平均は、94.8％であった。

2. 社会的妥当性

　質問紙調査の結果を表 4 に示した。担任の自由記述において、指導効果はあったが、学級運営上苦しい部分もあったという記述があった。しかしながら、8 項目中 5 項目で両者から肯定的な結果が得られた。

IV. 考　察

　本研究では自閉症スペクトラム生徒の給食場面の行動問題に対し、機能的アセスメントに基づく指導を行った。その結果、激しい行動問題は改善し、給食の待ち時間に対する着席率が安定した。これらの結果から、学校現場における行動問題改善のための教師間の連携及び具体的な指導方法の在り方を検討する。

　A 児の行動問題に対し、機能的アセスメントに基づき指導計画を立案したことは、技術的基準から不可欠であった。そして、行動論的アプローチに馴染みの

ない担任に対し、機能的アセスメントの結果を説明する過程は、指導に対する価値観を適合させ、技能を向上させるために重要であった。その上で、担任との協議を通して指導目標を決定したことが、A児の将来の生活に対するニーズや、担任の価値観に適合させることにつながった。また、現在の指導体制において実施可能かどうか（平澤・藤原，2000）について協議したことも、文脈適合性を高めながら担当教師間の連携を図るために必要な過程であった。そして、行動問題のレベルに応じた対応の共通理解の下に指導を実施したことは、A児の行動問題の改善に有効であった。指導計画作成段階で対応方法を決定しておくことにより、教師の対応を適切で一貫性のあるものにすることが可能となり、技術的な基準を保障するための方略となった。同時に、教師の指導観や指導技術といった人的環境に適合させる機能を果たしたことが示唆された。

指導方法については、A児にとって分かる形態の活動スケジュールを提示し、音楽を聴く行動に対してDRIを行ったことが有効であった。第Ⅰ期では、活動スケジュールを確認し、音楽を流す環境設定のみでは指導効果は確認できなかった。第Ⅱ期において、音楽を聴く行動に対してDRIを実施することにより、音楽を聴いて待つ行動が強化されたと考えられる。第Ⅱ期以降、A児が音楽に聴き入る様子が見られたときには、離席が生じないことが多く、好んで聴いているものと考えられた。その結果、聴くという行動が行動問題と競合する行動として機能したと推定された。リラクセーション音楽の使用は、社会的妥当性の結果からも学校現場において適合可能性が高いアプローチと考えられた。しかし、多くの生徒や教師が食事をする場面において、統制しきれない変数が関与し、指導方法の有効性について明確な因果関係であると説明しきれない部分もあった。Bambara & Knoster（1998）は、単一の指導方法がいかなるものであっても、複雑なニーズのある生徒のための包括的、かつ長期的なニーズを網羅できることがほとんどないと指摘している。本研究においても複数の指導方法を用いたため、特定の指導方法や手続きの効果を検証するに至らなかったが、その効果については介入パッケージ（村本・園山，2008）として検証することが可能であると考えられた。

本研究は、文脈的基準に関わる社会的妥当性の結果で課題が見られた（表4）。担任が回答した項目6については、これまで学級の他の生徒の給食指導や、連絡帳の記入に当てていた時間に、重点的に指導をお願いしたことが評定の低さに関与したと考えられる。担任が回答した項目8については、自由記述の結果から、効果があったが負担感もあったという点で、中立的な回答に至ったと考えられる。また、項目7の学年主任の回答は、10月25日に指導に入った際、行動問題の生起率が上昇したことが、評定に関与したと考えられた。担任と第一著者は、継続的に指導の振り返りを行い、細かな対応の調整を図ったが、学年主任とも細やかな情報の共有が必要であったと考えられる。

今後、行動の機能に基づく指導が学校現場で活用されるには、技術面の研修体系の構築が求められる。また、文脈的な課題を克服するためには、PBSの考え方がより一層学校現場に浸透していく必要がある。

付記：本研究は、日本特殊教育学会第57回大会にて発表したものを加筆・修正した。ご協力をいただいた対象生徒、保護者、先生方に深く感謝申し上げます。

〈文　献〉

Bambara, L. M. & Knoster, T.（1998）Designing Positive Behavior Support Plans. The American Association on Mental Retardation.（三田地真実訳（2005）プラス思考でうまくいく行動支援計画のデザイン．学苑社, pp.36-37.）

Durand, V. M. & Crimmins, D. B.（1990）Assessment. In Durand, V. M.（Ed.）Severe Behavior Problems: A Functional Communication Training Approach. Guilford Press, pp.31-82.

平澤紀子（2000）発達障害児者の問題行動に対する"Positive Behavioral Support"―応用行動分析における意義．西南女学院大学紀要, 4, 60-68.

平澤紀子・藤原義博（2000）養護学校高等部生徒の複数の集会場面における奇声の改善―学校場面に適合した機能的アセスメントに基づく指導．教育実践学論集, 2, 51-61.

平澤紀子・藤原義博（2001）統合保育場面の発達障害児の問題行動に対する専門機関の支援―機能的アセスメントに基づく支援における標的行動と介入手続きの特定化の観点から．特殊教育学研究, 39(2), 5-19.

平澤紀子・藤原義博・山本淳一他（2003）教育・福祉現場における積極的行動支援の確実な成果の実現に関する検討．行動分析学研究, 18(2), 108-119.

加藤慎吾・小笠原恵（2017）知的障害特別支援学校の

教師が行動問題支援過程において直面する困難の検討．特殊教育学研究, 54(5), 283-291.

Koegel, L. K., Koegel, R. L., & Dunlap, G.（1996）Positive Behavioral Support: Including People with Difficult Behavior in the Community. Paul H. Brookes.

牧野真理子監修（2007）「自律神経にやさしい音楽」CD 説明書．株式会社 Della, pp.6-7.

村本浄司・園山繁樹（2008）知的障害者入所更生施設における激しい行動問題を示す自閉症利用者に対する行動契約法を中核とした介入パッケージ．福祉心理学研究, 5(1), 12-24.

小笠原恵・守屋光輝（2005）知的障害児の問題行動に関する調査研究—知的障害養護学校教師への質問紙調査を通して．発達障害研究, 27(2), 137-146.

清水直輝・橋本創一・霜田浩信他（2006）思春期知的障害者の思春期における教育支援と行動上の問題に関する調査研究—養護学校中学部実態調査による検討．東京学芸大学紀要　総合教育科学系, 57, 495-504.

下山真衣・園山繁樹（2010）カリキュラム修正と前兆行動を利用した代替行動分化強化による激しい自傷行動の軽減．行動分析学研究, 25(1), 30-40.

Sigafoos, J., Arthur, M., & O'reilly, M.（2003）Challenging Behavior and Developmental Disability. Whurr.（園山繁樹監訳・近藤真衣訳（2004）挑戦的行動と発達障害．コレール社, pp.64-65.）

The Japanese Journal of Autistic Spectrum 2021, Vol.18-2, 15-23

実践研究

自閉症児に対する『はい』と言って渡す行動の獲得
——目標カードの活用——

Autistic girl acquiring the behavior of saying "yes" : Use of goal cards

岡本　邦広（川崎医療福祉大学 *）

Kunihiro Okamoto（*Kawasaki University of Medical Welfare*）

篠原　道代（福井県立嶺南東特別支援学校）

Michiyo Shinohara（*Reinan Higashi School for Special Needs Education*）

澤本　和代（福井県立嶺南東特別支援学校）

Kazuyo Sawamoto（*Reinan Higashi School for Special Needs Education*）

石川　純子（福井県立嶺南東特別支援学校）

Junko Ishikawa（*Reinan Higashi School for Special Needs Education*）

中山　東（福井県立嶺南東特別支援学校）

Akira Nakayama（*Reinan Higashi School for Special Needs Education*）

■要旨：本研究では、自閉症児に対して目標カードの活用によって、「はい」と言ってから相手に物品を渡す行動が自立活動の時間における指導と数学の2場面で生起するか検討することを目的とした。対象児は、特別支援学校中学部2年生であった。2場面の課題として、指導者に物品を渡す際は無言で差し出すことが挙げられたことから、「はい」と言ってから指導者に物品を渡す行動を標的行動とした。2場面で、目標カードに書かれた標的行動の確認後、標的行動の生起場面を設定し標的行動の生起（非生起）に、「○（×）」の記号と「丸（ばつ）です」の音声によるフィードバックを行った。目標カードには、標的行動とフィードバックの記載欄が設定された。結果、自立活動の時間における指導の正反応率は、BL期が0％、指導期3日目に100％に達し一時40％（10月30日、11月15日）まで低下する指導日があった。しかし、11月15日以降の正反応率の平均は、99.2％と高率であった。一方、数学（般化場面）の正反応率は、BL期が0％（指導機会2～3）であったが指導期4回目に100％（指導機会3）に達した。指導期の正反応率の平均は83.8％（指導機会1～8）であった。これらの結果について、①2場面で標的行動が生起した要因、②般化場面における妥当な反応型の選定方法、③わかりやすい目標設定及び評価方法、④今後の課題の4点から考察を行った。

■キーワード：自閉症、目標カード、「はい」と言って渡す行動

Ⅰ．問題の所在および目的

　佐竹・小林（1989）は、自閉症の伝達行動を、「環境的結果事象を導く相互作用的行為（大人を介して物理的必要を満たす反応——物の要求、行為の要求、抗議）」、「社会的結果事象を導く相互作用的行為（大人を巻き込んで子ども自身に注意を向けさせる反応——友好表示、差し出し、社会的ルーチンの要求、許可の

---

* 本研究時の所属は福井県立嶺南東特別支援学校（Reinan Higashi School for Special Needs Education）。

要求、情報の要求、コメント）」の２つに分類している。伝達行動のうち、「環境的結果事象を導く相互作用的行為」については、おもに物品等に対する要求言語行動の獲得を目的とした研究が多くなされ、PECS（絵カード交換式コミュニケーションシステム；Frost & Bondy, 2002）（村本・園山, 2010；岡村, 2015）、書字（関戸, 1996；吉山・関戸, 2016）、動作及び音声模倣（長沢・藤原, 1996）の指導により、物品要求ができるようになったことが報告されている。

　一方、「社会的結果事象を導く相互作用的行為」の１つに相手に物品を差し出す行動が含まれるが、教育現場では、例えば、献立表や、歯磨き完了を示す「できました」カードを担任に見せるといった伝達行動が自閉症児に要求される（小林他, 2013）。自閉症児による研究として、小林ら（2013）は、特別支援学校小学部２年に在籍する自閉症児に対して、歯磨き時や個別学習時に担任に「できました」カードを差し出す行動に対して時間遅延法や強化を組み合わせた指導を行い、自閉症児による教師に差し出す行動が自発したことを示した。また佐竹・小林（1989）は、二語文の発話可能な自閉症児（６歳）を対象に、ボールの受け渡しを行い、適切な受け渡しができた時には言語称賛や食餌性の強化を行った。結果、適切な受け渡しができる割合が増加するとともに、受け渡し相手の注意を事物に向けたり情報を他者に伝えたりする発声の増加が見られた。

　しかし、小林ら（2013）の対象児の発語は不明瞭であり、佐竹・小林（1989）の対象児のボール受け渡し時における発声の詳細に関する記述はなかった。学校教育において、自閉症による学習上又は生活上の困難を、主体的に改善・克服するという教育の観点（文部科学省, 2018）から考えると、音声言語を有する自閉症児が相手に物品を渡す際、無言で物品を差し出し相手に気付いてもらうまで待つよりも、自閉症児の主体性を高めて、「はい」と言ってから相手に物品を差し出して渡せた方がより自然である。さらに差し出し行動は、学校のさまざまな場面で見られることから社会的に必要なスキルであると考えられる。物品等に対する要求言語行動の獲得を目的とした研究に比べ、相手に物品を差し出す行動に焦点を当てた研究はなされていないが、前述の通り、音声言語を有する自閉症児に必要な行動であり検討に値すると考えられる。

　小林ら（2013）では、近くにいた教師の存在が物品を差し出す行動の弁別刺激となっていたと考えられる。また、佐竹・小林（1989）では、言語や食餌性の

フィードバックが標的行動を強化していたと考えられる。これらの知見を参考にすると、「はい」と言ってから相手に物品を渡す行動を自発させるために、指導時に自閉症児に対する明確な弁別刺激とフィードバックが必要不可欠と考えられる。

　ところで、特別支援学校に在籍する児童生徒が有する障害の改善・克服に向けた指導領域として、自立活動の指導がある。また、特別な時間を設けて行う指導が自立活動の時間における指導である（文部科学省, 2018）。自立活動の時間における指導は、各教科等と密接な関連をもたせながら指導を行うことが重要とされる。しかし、自立活動の時間における指導と各教科等の担当者は異なることが一般的である。異なる担当者が複数場面において指導する場合、指導手続きが不統一となりがちで、結果として対象児の標的行動の自発を阻害することとなる（Gomi & Noro, 2010；太田・青山, 2012）。

　上述した①指導時に必要な明確な弁別刺激とフィードバックの要素を含み、②複数場面において異なる指導者による指導時の共通理解の困難さを解決する手がかりとして、支援ツール（高畑, 2004；高畑・武蔵, 2000）が考えられる。支援ツールは、①視覚的プロンプトと視覚的フィードバックを含む、②対象者に関わる支援者が複数場面で活用できる（場面に応じて内容は異なるが構成類似性は高い）、③対象者の実行可能性を高める、といった特徴を有する。高畑（2004）は、重度知的障害を伴う自閉症児に対して、校内実習と現場実習における作業に関する標的行動の自発を目的とし支援ツールを活用した。結果、両場面において、対象児の標的行動が安定して自発した。

　以上のことから、本研究では、自閉症児に対して、支援ツールを活用することによって、「はい」と言ってから相手に物品を渡す行動が２つの指導場面で生起するかどうかを検討することを目的とした。

Ⅱ．方　法

1．対象生徒

　特別支援学校に在籍する生徒Ａさんで、中学部２年生であった。Ａさんは、自閉スペクトラム症の診断を受けていた。田中ビネー知能検査ⅤによるIQは39（９歳１カ月時）であった。肥満傾向が見られ、自分からは積極的に動きたがらなかった。聴覚過敏があり、泣き声、大きな声やいびきを苦手とした。決めら

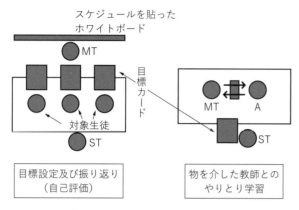

図1　自立活動の時間における指導時の見取図

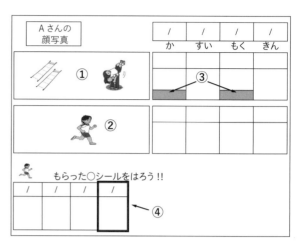

図2　目標カード（自立活動の時間における指導）

（注）
・①欄：ラダートレーニングあるいは物を介したやりとりに関する目標を貼る欄
・②欄：ランニングに関する目標を貼る欄
・③欄：物を介したやりとりで、ST が標的行動の自発の有無をその都度○か×のいずれかで記録のために設けられた欄
・④欄（本研究分析対象から除外）：ランニングで設定した目標周数を超えた数のシールを貼る欄

れた課題は最後まで取り組むことができた。発語について、普段は一語文が多かったが、休憩やわからない時、給食時の量の調整に関しては、「休憩したいです」「教えてください」「（給食を）減らしてください」と要求を伝えることができた。また排泄時は、「しっこトイレ」と二語文で要求を伝えていた。さらに、突然 CM などのフレーズや言葉でない発声をすることもあった。教師との会話は、口頭によるものが多かったが、学習活動の予定や活動内容を伝える際は、文字や写真カードによって理解している様子が見られた。小学1年程度の漢字の読み書きができた。足し算と引き算を区別して問題を解くことができた。

　自立活動の時間における指導や数学の時間の課題として、教師に物品を渡す際は無言で差し出すことが挙げられた。後述する自立活動の時間における指導での「はい」と言って渡す行動の自発は、本研究の記録開始前まで全く観察されることがなかった。また、数学でわからない問題が提示された場合、教師にわからない箇所を指さしたり、その箇所の数字を唱えたりするなど、適切な援助要求行動は生起していなかったことが挙げられた。

2.　指導期間・場所・指導者

　指導期間は、X 年4月～ X+1年3月までの1年間であった（第一筆者が前所属機関に勤務していた時の実践である）。実際の指導は X 年7月中旬からで、それ以前は自立活動における指導を行う上での A さんを含む生徒の実態把握や指導内容や記録方法の検討を行った。数学（般化場面）の指導時期は、X 年11月15日～ X+1年3月19日であった。目標カード（後述）の効果を検討するためにマルチベースラインデザインを用いた。

　自立活動の時間における指導の場所は、約20m × 20m の広さがあり、集団での学習活動や全校集会で利用されることが多かった。自立活動の時間における指導は、A さんを含む3名の生徒を対象に指導を行い、指導内容は「物品を介した教師とのやりとり学習」「ラダートレーニング」「ランニング」の3つで構成されていたが、本研究の目的から、A さんに対する物品を介したやりとりを分析対象とした。

　この時間には、毎時間、目標の確認及び振り返りを行う時間を設け、マット上に MT（主に A さんを含む3名の生徒に一斉指示を出す役割の指導者）の方を向いて座るように教示した（図1）。また、A さんを含む3名の生徒の前に目標カード（図2）を置いた。「物を介した教師とのやりとり学習」では、マット上に MT と生徒が向かい合わせになって座り、ボールやタオルの受け渡しを行った。ST は、主に生徒の補助や記録を行う指導者であった（図1）。

　指導者は、自立活動の時間における指導あるいはその般化の効果を検討するために設定された数学等の授業に携わった教師5名（T1 ～ T5）であった（表1）。T1 が指導手続きや指導結果に関する文書を作成し、それを基に指導者5名が4回の打ち合わせを行い（X 年5月11日、7月3日、10月9日、12月17日）、それらの共有を行った。この4回以外は5名全員が集合

表1　指導者のプロフィール

指導者	年代	自立活動の指導曜日	Aさんとの関係	般化場面の指導対象者	所有免許状
T1	40	木、金	Aさん以外の副担任	Aさん以外	特別支援学校専修 小学校二種 中学校・高等学校一種（数学）
T2	50	火、木	Aさん以外の担任	Aさん以外	特別支援学校一種 幼稚園一種 小学校一種
T3	40	なし	Aさんの担任	Aさん	養護学校一種 小学校一種 中学校一種（社会） 高等学校一種（公民）
T4	30	火、水	Aさん以外の担任	Aさん以外	特別支援学校二種 小学校一種 中学校・高等学校一種（数学）
T5	30	水、金	Aさん以外の副担任	Aさん以外	中学校・高等学校専修（保健体育）

して協議することはなかったが、その日の授業者が情報共有を行い、翌日の授業者に引き継ぐ等、日常的に打ち合わせを行い、指導手続きや指導結果の共有を行った。また般化場面の打ち合わせについて、T1がT3（Aさんの数学の担当者）から数学の授業の様子を尋ねて数学で用いる目標カード（図3）及び記録表を作成し、指導手続きを協議するとともに記録を依頼した。

3. 自立活動の時間における指導内容

毎週火曜日から金曜日までの25分間（9時15分～9時40分）の帯状で設定し、毎日2課題を実施し、1課題目は「物を介した教師とのやりとり学習」（火曜日と木曜日）あるいは、「ラダートレーニング」（水曜日と金曜日）のいずれかを行い、2課題目は「ランニング」を行った。

①授業の開始時は、2課題における目標を毎回設定した。②MTが、「物を介した教師とのやりとり学習」開始前に再度、目標カード（図2）を提示して目標を確認した。課題の目標とする行動の各試行において生起あるいは非生起直後に、STが「まる」あるいは「ばつ」と言語フィードバックを行うとともに、目標カード（図2）の該当箇所に「○」あるいは「×」の記号をAさんに提示した。③授業の振り返り時は、MTあるいはSTのいずれかの指導者が目標カードを提示して、「『はい』と言って渡すことは、できましたか」と尋ね、課題の目標が達成できたかを評価する機会を設定した。

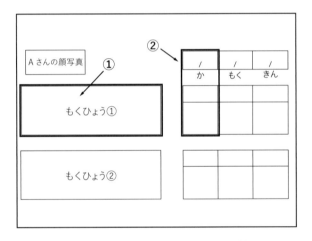

図3　目標カード（数学（般化場面））

（注）
・①欄：「『はい』といってわたす」を貼る欄
・②欄：上から順に、「日付」、「目標の達成数」の記述、目標達成時のシール添付欄

4. 目標カード

図2に、自立活動の時間における指導時に用いた目標カードを示した。①及び②には、各生徒が設定した課題1及び課題2の目標を貼り付けた。また振り返り時、目標が達成された場合は「か」から「きん」の該当箇所に各生徒がシールを貼った。Aさんに関する目標は、「物を介した教師とのやりとり学習」では、「『はい』といってわたす」が設定された。また図3に、数学（般化場面）で用いた目標カードを示した。数学においても、目標は自立活動の時間における指導と同様に、「『はい』といってわたす」とした。

このように、目標カードは標的行動をAさんと指

導者が共有でき、指導結果を自己フィードバックあるいは指導者からのフィードバックで得られ、自立活動の時間における指導場面と数学場面の構成類似性が高いという性質を有していることから、支援ツール（高畑，2004；高畑・武蔵，2000）の役割を果たすと考えられた。

5. 指導目標

　上述した生徒の実態や指導者の協議により、自立活動の時間における指導と数学（般化場面）の目標を以下のように設定した。

(1) 自立活動の時間における指導：「物を介した教師とのやりとり学習」において、「はい」と言ってから物品を指導者に差し出して渡すことができる。
(2) 数学（般化場面）：宿題や物品を指導者 T3 に渡す際、「はい」と言ってから渡すことができる。

6. 自立活動の時間における指導の全般的手続き

　①授業開始時に、授業の流れを確認した。②目標カード（図 2）を提示し、それぞれの課題では何を目標とするかを尋ね、選定した目標を口頭で言うように指示した後、目標カードの所定の位置（図 2 の①及び②）に目標を貼り付けるように教示した。課題 1 では、目標カードに提示された文字を読むことを求めた。

　③「物を介した教師とのやりとり学習」を、次のように実施した。図 1 に示した通りに、マット上に MT と A さんが向かい合わせになって互いの足の裏を合わせて座り、「はい」と言ってから両手に持ったタオルやボールを相手（MT 及び A さん）に渡すことを正反応とする学習であった。一方、無言でタオルやバスケットボールを相手に渡したり、それらを渡してから「はい」と言ったりした場合は誤反応とした。MT から A さん、また A さんから MT のそれぞれに物品を渡す学習は、5 試行ずつ実施された。ST は A さんの近くに座り（図 1 参照）、A さんが「はい」と言ってから物品を MT に渡せた（渡せなかった）直後に、A さんに見えるように目標カードの課題 1 の欄に「○（×）」を付けて「まる（ばつ）」と教示した。5 試行すべてに○が付いた場合、拍手などをして課題 1 の目標が達成したことを伝え、目標カードの課題 1 の該当欄にシールを貼るように教示した。

7. 数学（般化場面）における指導手続き

　数学においては、以下に示す BL（Base Line）期、指導期とともに、A さんと他の生徒 1 名が T3 と対面した指導が行われた。

(1) BL 期

　宿題や定規などの物品受け渡し場面において、目標カードの効果を検討するために、「はい、お願いします」と言って物品を渡したり、何も言わずに差し出したりしても特に応答せずに受け取った。また、何も言わずに差し出しても、「『はい』『お願いします』と言いましょう」と言い、訂正は行わなかった。「はい」「お願いします」と言って物品を渡した場合は、「正反応」、それ以外は「誤反応」とした。

(2) 指導期

　「『はい』といってわたす」カードを提示して、宿題や定規などの物品受け渡し場面においては、「はい」と言ってから物品を渡すように教示した上で、「もくひょう①」欄に「『はい』といってわたす」カードを貼るように指示した。何も言わずに物品を差し出した場合は、「何て言うの」「は（い）」と言語プロンプトを提示し、「はい」と言ったら物品を受け取るように指導し、目標カードに「○」を付けた。「はい」と言って物品を渡した場合は、直後に物品を渡し目標カードに「○」を付けた。

8. 記録の整理

　A さんの自立活動の時間における指導に関する標的行動について、X＋1 年 3 月 19 日までの目標カードに記載された記録数 41 を分析対象とした。また、数学（般化場面）に関する標的行動について、目標カード及び記録用紙に記載された記録数 35 と行動観察結果を分析対象とした。

9. 記録の信頼性

　自立活動の時間における指導においては、T1 が打合せ時に指導手続きや記録方法を書面にして T2〜T5 に示して口頭で説明すると共に、各曜日の担当者で指導手続き及び記録方法の共有を行った。また、数学（般化場面）においては、T1 と T3 が随時、指導手続き及び指導結果、記録方法の共有を行った。

10. インフォームド・コンセント

　A さんの保護者、特別支援学校の校長に対しては、本研究目的・方法及び結果ならびに、本研究を学術雑誌に公表する旨を口頭及び書面において説明した後、

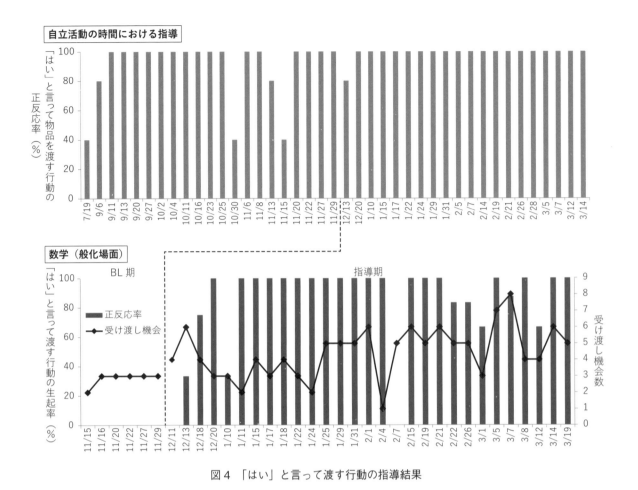

図4　「はい」と言って渡す行動の指導結果

了承を得た。

Ⅲ．結　果

　図4に、Aさんの自立活動の時間における指導の標的行動と、数学（般化場面）の標的行動の指導結果を示した。

1.　自立活動の時間における指導

　指導開始3回目から正反応率は100％に達したが、その後、正反応率が40％（10月30日、11月15日）まで低下する指導日があった。7月19〜11月15日の正反応率の平均は87.1％であった。それ以降の正反応率の平均は、99.2％（12月13日を除いて100％）であった。標的行動の生起後、指導者が「丸です」と即時評価をすると、Aさんの笑顔が観察されることがしばしばあった。

2.　数学（般化場面）

　BL期における6回の指導機会で、受け渡し機会が2〜3回に対する正反応率はすべて0％であった。一方、指導開始直後（12月11日）の正反応率は0％（指導機会4）であったが、指導回数を重ねるごとに正反応率が上昇し、指導4回目の正反応率は100％（指導機会3）に達した。指導17回目（2月7日）、23回目（3月1日）及び27回目（3月12日）の正反応率は、それぞれ0％、66.7％と低率であったが、それ以外は88.3％以上と高く、指導期の正反応率の平均は83.8％（指導機会1〜8回）であった。

3.　数学以外の般化に関するエピソード

　生活単元学習の制作時の同一時間に、「はい」と言って両面テープやのりをT3に渡してきたことが3〜4回あった。「持ってください」とか「お願いします」等の言い方が望ましい場面ではあるが、「はい」と言ってカバンを近くにいたT3に渡した。「はい」と言って渡す相手のほとんどはT3がほとんどであったが、カバンを渡す際には、T3と同じ教室にいる副

担任に対してもあった。

Ⅳ．考　察

　本研究では、特別支援学校の自立活動の時間における指導に対して、支援ツールの役割を果たす目標カードを活用した指導を行い、「はい」と言って相手に渡す行動の獲得を試みた。さらに、般化場面を設定し、そこでの標的行動が自発するかを検討した。本研究の結果より、自閉症児に対して、「はい」と言ってから物品を差し出す行動を獲得させることができた。さらには、複数場面において標的行動が自発した点において、新たな知見が得られたことが指摘できる。

1. 標的行動の生起要因
　自立活動の時間における指導のアセスメント時（記録開始前）は、「はい」と言って相手に渡す行動は非生起であった。しかし、図 4 より目標カードを活用し始めて 3 セッション後には、標的行動の正反応率が 100％を示すようになった。その後、正反応率に増減はあるものの、12 月 20 日以降の標的行動の正反応率は 100％を維持した。このことから、「『はい』といってわたす」という文字カードは A さんに対して求められる行動を予測させ、また、標的行動の有無の直後に音声と記号（○×）のフィードバックで構成される目標カードは、標的行動を生起させる支援ツールの役割を果たしていたことが指摘できる。自閉症（中度から重度までの知的レベル）を対象にして支援ツールを活用した研究では、現場実習や就労で求められる作業行動といった非言語行動を標的とすることが多いが（高畑，2004；高畑・牧野，2004）、本研究のように「はい」と言語を伴う標的行動を獲得させる上でも支援ツールは有効であることが指摘できる。
　数学（般化場面）において、図 4 下段より目標カードを導入せずに指導するだけでは、標的行動が全く生起しなかった。しかし、目標カードを導入して指導を行った直後に標的行動が観察されるようになった。指導期の結果より、A さんにとって目標カードの導入が標的行動の自発を促す手がかりとして機能していたと考えられる。この要因として、目標として掲げた行動は自立活動の時間における指導と同一で、A さんに求められる行動がわかりやすかったこと、「目標を達成する→直後に強化を受ける（目標カードにシールを貼る）」という強化随伴性が機能したこと、の 2 つ

が考えられる。
　以上の考察より、標的行動の視覚的手がかり（「『はい』といってわたす」文字）及び音声・視覚的フィードバックの要素を含む目標カードの活用は、A さんの般化促進に有効であることが示された。

2. 般化場面における妥当な反応型の選定方法
　般化場面において、自立活動の時間における指導と類似した反応型を選定して指導を行った。選定する際は、自立活動の時間における指導時と類似した弁別刺激であること、類似あるいは同一の反応型であること、A さんが目標達成の可否を容易に判断できること、指導開始前は標的行動の生起が十分に見られないことを基準とした。
　これらの選定基準に従って本研究の取りまとめ役の指導者と A さんの学級担任が協議を行った結果、A さんの標的行動に至った。また、目標カードを活用した指導を A さんについては 3 セッションと少ない回数実施することで、般化場面における標的行動の正反応が見られるようになった。さらに、般化場面における指導者による指導は維持され、それに伴い対象生徒の標的行動の生起率も高率を維持した。結果から、指導者は、「目標カードを用いた指導→標的行動の生起」、また A さんは、「標的行動の生起→シールや称賛の獲得」といった双方にとって望ましい行動随伴性が機能していたと考えられる。したがって、般化場面の標的行動の反応型を選定する際には、上記の基準に従うことが妥当と考えられる。
　文部科学省（2017）よりカリキュラム・マネジメントの概念が提唱されているが、より汎用性の高い資質・能力を身に付けていく上で、自立活動の時間における指導と般化場面（数学）の上記の基準に従った標的行動の分析方法が妥当であったと考えられる。

3. わかりやすい目標設定及び評価方法
　霜田・井澤（2005）の研究では、対象生徒は作業学習の目標枚数の適切な設定や正確な自己評価ができるようになったが、作業技術・態度に関しては十分改善されなかったことが課題として挙げられた。本研究では、自立活動の時間における指導課題を対象としたため、般化場面を含めた 2 つの指導場面において、標的行動は数量で示されなかった。A さんの実態に即した指導課題を選定した上で、指導者間でその標的行動の達成状況を○×のいずれかで評価できるように、また、A さん自身も標的行動が自発されたかどうかを

即時に自己評価できるように評価方法を工夫した。結果、自立活動の時間における指導と般化場面の両方において、指導を重ねるごとにAさんの標的行動の生起率が上昇していることから、Aさんにとってわかりやすい目標の表記になっていたことや、評価方法になっていたことが考えられる。したがって、本研究では作業学習における量的な自己評価ではなく、対象生徒の実態から導き出した自立活動の時間における指導課題に基づく標的行動を選定し、それが達成できたかどうかの達成基準を設定した。このように、選定した目標が質的な内容であっても、目標設定及び評価方法の両側面から工夫することによって、正確な自己評価及び他者評価が可能になると考えられる。

4. 今後の課題

　以下に、今後の課題を3点示す。1つ目は、目標カードにおける標的行動の確認除去期（フォローアップ）導入による標的行動の有無の検討である。平成29年に改訂された学習指導要領（文部科学省，2017）では、主体的・対話的で深い学びによって育成を目指す資質・能力を培っていくことの重要性が示唆されている。本研究の指導期においては、指導者が目標カードを提示してAさんに目標を確認した上で標的行動が自発されるかを検討した。しかしながら、Aさんが自分自身で目標カードを見て標的行動の確認を行ったわけではない。例えば、自分で目標カードに書かれた標的行動を確認した後に標的行動を自発することができれば、文部科学省（2017）で提唱される主体的な学びにつながるのではないかと考える。したがって、今後は指導者が目標カードを提示するのではなく、生徒自らが目標カードに書かれた標的行動を確認する行動が自発されるか、また、その行動の後に標的行動が自発されるかを検討する必要がある。

　一方エピソードではあるが、目標カードの活用なしにもかかわらず、数学以外の時間に、またT3以外の教師に対しても、「はい」と言ってから物品を渡す行動が複数回見られたと報告された。その要因として、無言で物品を指し出す時に比べて、素早く相手にその物品を受け渡すことができる経験をしたことや、無言で相手に差し出す行動と反応の負荷が変わらないために使用頻度が増大（「はい」と言って渡すより別の言い方が適切な場面に対しても使用）したことが考えられる。今後は、数学以外の時間やT3以外の教師に対して記録を収集し、般化の要因の信頼性を担保することが求められる。

　2つ目は、複数事例による知見の蓄積である。本研究は1事例研究であったことから、今後はさらに複数の事例においても本研究と同様の効果が得られるかどうかを検討する必要がある。また、本研究では、「『はい』と言って渡す行動」が標的行動とされたが、Aさんは要求言語行動も未獲得であったことが報告された。このことから、標的行動以外の行動の反応型においても分析が求められる。

　3つ目は、低正反応率の要因の検討である。図4より、自立活動の時間における指導の10月30日、11月15日、数学（般化場面）の1月10日、2月7日、3月1日、3月12日の指導日は、それ以外に比べて正反応率が低い傾向を示した。T3は、Aさんは授業前に情緒不安定になって学習に取り組みにくくなることや、数学では新規課題や課題の難度が上昇した日に反応が悪く、手元の教材に意識が向き、「はい」と言うのを忘れているように見られたと報告した。しかしながら、これはエピソードであり正反応率との因果関係を示すデータではない。したがって、今後は正反応率の高低がなぜ生じたかといった要因を検討することが求められる。

〈文　献〉

Frost, L. & Bondy, A. (2002) The Picture Exchange Commnication System Training Manual (2nd ed.). Pyramid Educational Consultants.（門眞一郎監訳（2005）絵カード交換式コミュニケーション・システム―トレーニング・マニュアル第2版．NPO法人それいゆ．)

Gomi, Y. & Noro, F. (2010) Function-based interventions for behavior problems of a student with a developmental disability: School-based treatment implementation. Japanese Journal of Special Education, 47, 457-469.

小林久範・平澤紀子・冲中紀男他（2013）特別支援学校における自閉症児に対する要求言語行動の指導機会に関する検討―行動連鎖が確立した活動における教師の支援の見直しから．特殊教育学研究，50，429-439.

文部科学省（2017）特別支援学校幼稚部教育要領　小学部・中学部学習指導要領　平成29年4月告示.

文部科学省（2018）特別支援学校教育要領・学習指導要領解説　自立活動編（幼稚部・小学部・中学部）．開隆堂出版株式会社.

村本浄司・園山繁樹（2010）知的障害者入所更生施

設において多飲行動を示す自閉症者に対する PECS を用いた支援の効果. 特殊教育学研究, 48, 111-122.

長沢正樹・藤原義博（1996）自閉症児の音声を伴う要求言語行動の形成―精神薄弱養護学校の日常場面での試み. 行動分析学研究, 9, 128-136.

岡村章司（2015）特別支援学校における自閉症児に対する保護者支援―母親の主体性を促す支援方法の検討. 特殊教育学研究, 53, 35-45.

太田千佳子・青山真二（2012）自閉症児の行動連鎖を妨げる要因のエコロジカルな分析と指導の展開―特別支援学校での登校後の荷物整理と着替えの場面を通して. 特殊教育学研究, 50, 393-401.

佐竹真次・小林重雄（1989）自閉症児における語用論的伝達機能の発達に関する研究. 特殊教育学研究, 26(4),1-9.

関戸英紀（1996）自閉症児における書字を用いた要求言語行動の形成とその般化促進―物品、人および社会的機能の般化を中心に. 特殊教育学研究, 34(2), 1-10.

霜田浩信・井澤信三（2005）養護学校「作業学習」における知的障害児による目標設定・自己評価とその効果. 特殊教育学研究, 43, 109-117.

高畑庄蔵（2004）行動障害を示す自閉症生徒への機能的アセスメントと支援ツールに基づく作業行動支援―校内作業学習から校外現場実習へのスムーズな移行を目指して. 特殊教育学研究, 42, 47-56.

高畑庄蔵・牧野正人（2004）自閉症生徒を対象とした知的障害養護学校と福祉施設が連携した就労支援―現場実習から卒業後実習への移行支援のあり方. 特殊教育学研究, 42, 113-122.

高畑庄蔵・武蔵博文（2000）生活技能支援ツールによるなわとび運動の習得過程と家庭での長期的維持の検討. 特殊教育学研究, 37(4), 13-23.

吉山温子・関戸英紀（2016）知的障害を伴う自閉症者に対する書字を用いた要求言語行動の形成―物品および社会的機能の般化を中心に. 特殊教育学研究, 54, 233-243.

The Japanese Journal of Autistic Spectrum 2021, Vol.18-2, 25-31

実践研究

保育所における発達支援
——保育士研修の形態の検討——

Developmental support in nurseries: Teacher training program techniques

荻野　昌秀（足立区こども支援センターげんき）

Masahide Ogino（*Adachi Children Support Center GENKI*）

■要旨：近年、発達支援ニーズのある児の早期発見、早期支援が求められている。本研究では発達支援についての保育士研修の形態について検討した。初回に60分の講義（行動の定義、強化と弱化などについて）、2回目に80分の講義（消去、行動の機能、行動支援計画、プロンプト、記録などについて）を行い、電話でのフォローを経て3回目は小グループ討議の群、電話でのフォロー群、講師が保育所を訪問する群の3群を設定し、最終回（4回目）に各々の取り組みと対象児の変化について報告した。研修実施前後で質問紙（KBPAC、保育効力感、BDI-Ⅱ、SDQ）を実施し、有効回答数は3群でそれぞれ保育士15名、15名、14名分、対象児については3群でそれぞれ23名、15名、20名分であった。得られた回答の分析の結果、研修のタイプや保育士、対象児の状況によって支援の効果が異なる可能性があり、状況によって研修のあり方を検討できると良いと考えられた。本研究の改善点として、対象児を直接担当している場合と他の保育士への助言を行っている場合とで分けて効果を検討することや、対象児の介入前の状況の質的な検討、具体的な行動変化などの検討が必要と考えられた。

■キーワード：発達支援、保育士研修、早期支援、支援技術

Ⅰ．問題の所在と目的

　近年、発達支援ニーズのある児の早期発見、早期支援が求められている。先行研究では、保育所における支援において、「気になる子ども（何らかの障害があるとは診断をされていないが、保育者にとって保育が難しいと考えられている子ども）」は増加している一方で、その支援は十分とは言えない状況であるとされている（原口他，2013）。

　支援の1つの形態として、保育士への研修が挙げられる。先行研究では、例えば田中ら（2011）は18名の主任保育士に対して計4回14時間の機能的アセスメントや介入手続きに関する研修および演習を行い、支援計画立案スキルの向上を確認した。また、松崎・山本（2015）は児童発達支援事業所に勤務する保育士2名を対象として、講義270分、オンザジョブトレーニング（OJT）、ビデオフィードバック450分（計12時間）の研修プログラムを実施し、支援技術の向上と、対象児の発達を確認した。

　これらの研修が長時間であったため、現場の負担を軽減しながら効果のある研修を実施することを目的として、荻野（2017）は行動支援の計画立案や介入に関する講義および実践報告、グループ討議で構成された短時間（計6時間）の保育士研修を開発し、保育士の知識の向上や対象児の行動問題の改善といった効果を確認した。

　しかし、これらの先行研究の課題として、研修やOJT、実践報告のどの部分が効果的であったのかの検証が不足している点が挙げられる。そこで本研究では、荻野（2017）が開発した短時間の研修に加えて、グループ討議だけでなく個別に討議を行う群を設定した。また、松崎・山本（2015）が実施したOJTの要素の効果も検討するため、保育所に訪問して支援を検討する群も設定し、効果とその要因を検証することとした。

表1　プログラム詳細

セッション	群	形式	内容	時間
1	全群共通	講義1	レスポンデントとオペラント、行動の定義、強化と弱化	60分
2	全群共通	講義2	消去、行動の機能、バイパスモデル、プロンプト、行動支援計画、記録の仕方	80分
3	グループ討議群	小グループ報告　ディスカッション	2名または3名の小グループで実践の報告およびディスカッション　必要に応じて支援計画と支援方法の修正	30分（保育士1人あたり）
3	電話フォロー群	電話フォロー	実践の報告および助言　必要に応じて支援計画と支援方法の修正	30分
3	訪問群	行動観察　ディスカッション	観察後に実践の報告および助言　必要に応じて支援計画と支援方法の修正	30分（ディスカッション）
4	全群共通	全体報告　ディスカッション	全体で実践および対象児の変化の報告およびディスカッション	110分

II. 方　法

1. プログラム内容

　本プログラムは自治体の保育士研修の一環として実施した。プログラム内容は第1回に60分の講義（レスポンデントとオペラント、行動の定義、強化と弱化などについて）、第2回（約1カ月後）に80分の講義（消去、行動の機能、バイパスモデル、プロンプト、行動支援計画、記録の仕方などについて）を行い、第2回終了後に参加者それぞれが支援対象児の支援計画を立てた。支援対象児は保育士1名に対して1名または2名で、自身の担当する児または他の保育士から相談を受けた他クラスの児とした。支援開始から1カ月分の観察記録および支援計画を作成した段階で提出を依頼し、必要に応じて電話にて支援計画の修正や支援内容への助言を行った（内容により10分〜20分程度）。

　第3回（第2回の約3カ月後）は群ごとに異なる内容を実施した（群分けはランダム）。すなわち、①2名または3名の小グループで保育士1名あたり30分程度の時間を取り、実践の報告とグループ内ディスカッションを行った群（以下、グループ討議群）、②電話で30分程度の保育士からの報告および講師からの助言を行った群（以下、電話フォロー群）、③講師が保育所を訪問し、対象児を午前中に2時間程度観察した後、午後に30分程度の保育士からの報告および講師からの助言を行った群（以下、訪問群）の3群である。

　第4回（第3回の約3カ月後）は110分でそれぞれ

の取り組みと対象児の変化について報告、ディスカッションを行った。

　なお、グループ討議群の内容は荻野（2017）と同様のプログラムであり、その他の群の内容は第1、2、4回は荻野（2017）と同様で、第3回のみ本研究で新たに設定した内容である。

　保育士1名あたりの研修時間は、電話でのフォローを20分、第3回の小グループは3名参加と見積もっても計360分（6時間）となる。プログラムの詳細については表1に示した。

2. 効果測定（質問紙）

　以下の質問紙をプログラム開始前および終了後にそれぞれ実施した。

（1）Knowledge of Behavioral Principle as Applied to Children（KBPAC）（梅津，1982）

　O'Dellら（1979）が作成した子どもの養育に応用する行動的知識を問う質問紙の日本語版である。各質問に対して4つの選択肢が設定されており、その中から最も適切なものを回答する。選択肢の中には行動変容の原理に基づいた正解が1つ含まれており、正解の場合1点が加算される。全50項目。

（2）保育効力感尺度（阿部，2013）

　気になる子どもの保育効力感を測定する質問紙。「あてはまる」〜「あてはまらない」の4件法で回答し、それぞれ4点〜1点が加算される。全14項目であり、内訳は気になる子どもの理解と対応に関する項目が9項目、保護者との連携に関する項目が3項目、職員間連携に関する項目が2項目である。

表 2　保育士の質問紙の得点（平均値、*SD*）および Wilcoxon 符号付順位検定の結果

	Pre		Post		*P* 値	効果量
	Mean	*SD*	*Mean*	*SD*		*r*
1.　グループ討議群						
KBPAC	27.47	5.68	30.67	4.10	.005	.715
保育効力感	33.60	5.23	34.53	4.44	.773	.251
BDI	8..53	5.83	7.93	6.10	.371	.250
2.　電話フォロー群						
KBPAC	25.20	3.45	26.13	4.31	.460	.199
保育効力感	33.73	5.04	35.27	5.40	.228	.317
BDI	6.27	3.17	4.60	3.74	.006	.672
3.　訪問群						
KBPAC	28.07	5.40	27.21	4.98	.498	.194
保育効力感	34.57	4.48	34.93	4.45	.773	.085
BDI	8.64	5.54	6.50	6.10	.093	.456

（3）Beck Depression Inventory-Ⅱ（BDI-Ⅱ）日本語版（小嶋・古川，2003）

　Beck ら（1996）によって作成された、抑うつ状態を測定する質問紙の日本語版。DSM-IV の診断基準に沿って作成されており、過去 2 週間の状態についての 21 項目の質問によって抑うつ症状の重症度を評価する。各質問の回答により、0 点から 3 点が加点される。

（4）Strength and Difficulties Questionnaire（SDQ）日本語版（Goodman, 1997）

　子どもの行動のポジティブな面とネガティブな面を評価する質問紙。「あてはまらない」（0 点）、「まああてはまる（1 点）」「あてはまる（2 点）」の 3 件法で回答、加算される。全 25 項目であり、10 項目が逆転項目である。行為、多動、情緒、仲間関係の 4 因子とその総得点、および向社会性因子を算出できる。向社会性因子は得点が低いほど、他の 4 因子および総得点は得点が高いほど課題や支援の必要性が大きいとされる。各サブスケールは 0 点〜 10 点となり、4 因子の総得点は 0 点〜 40 点となる。

　なお、（1）〜（3）については研修参加者が回答した。（4）については研修参加者が直接担当していた児は研修参加者が、直接担当していない場合は担任保育士が回答した（人数の内訳は後述の「対象者」項目と同様）。

3.　対象者

　上記の質問紙全てに実施前後とも回答が得られた有効回答数は保育士 44 名分（グループ討議群は女性

14 名、男性 1 名で、保育経験年数平均 24.7 年、電話フォロー群は女性 13 名、男性 2 名、保育経験年数平均 21.6 年、訪問群は全て女性で 14 名、保育経験年数平均 19.5 年）、有効回答は全参加者の 81.5% であった。また、対象児はグループ討議群が 23 名（男児 16 名、女児 7 名、介入開始時平均月齢 49.13 カ月）（うち研修参加保育士が直接担当していた児は 11 名）、電話フォロー群が 15 名（男児 12 名、女児 3 名、介入開始時平均月齢 41.47 カ月）（うち研修参加保育士が直接担当していた児は 12 名）、訪問群は 20 名（男児 15 名、女児 5 名、介入開始時平均月齢 41.20 カ月）（うち研修参加保育士が直接担当していた児は 6 名）であった。研修参加保育士が直接担当していない児については、同一保育所内の他の職員が「気になる子」として研修参加保育士に相談していた児であった。

　なお研究結果の発表に関しては、参加者全員から書面による同意を得ている。また筆者の所属機関には倫理審査委員会が存在しないため、複数の責任者の検討により倫理的な問題がないことが検討され、公表の許可を得るという手段で研究の倫理性を担保した。

Ⅲ .　結　　果

1.　保育士の変化

　各群の保育士の経験年数および KBPAC、保育効力感、BDI の介入開始前平均得点について、クラスカル・ウォリスの検定を実施したところ、いずれも有意差は見られなかった。*P* 値は経験年数が .197、

表 3　対象児の SDQ 得点（平均値、*SD*、基準）および Wilcoxon 符号付順位検定の結果

	Pre			Post			*P* 値	効果量
	Mean	*SD*	基準	*Mean*	*SD*	基準		*r*
1.　グループ討議群								
行為	3.83	1.72	Some Need	2.96	1.30	Low Need	.010	.525
多動	3.65	1.64	Low Need	3.43	1.65	Low Need	.652	.101
情緒	2.00	2.34	Low Need	1.96	2.29	Low Need	.908	.029
仲間関係	4.52	1.53	High Need	4.52	1.68	High Need	.735	.069
向社会性	1.48	1.44	High Need	1.83	2.19	High Need	.426	.173
総得点（4 因子）	14.00	4.56	Some Need	12.87	3.29	Some Need	.266	.236
2.　電話フォロー群								
行為	3.80	1.74	Some Need	2.93	1.03	Low Need	.261	.311
多動	4.13	1.73	Low Need	3.07	2.25	Low Need	.232	.323
情緒	1.60	1.50	Low Need	1.07	1.22	Low Need	.305	.275
仲間関係	4.73	1.28	High Need	4.20	1.78	Some Need	.408	.237
向社会性	2.20	2.01	High Need	1.67	1.29	High Need	.340	.269
総得点（4 因子）	14.27	3.39	Some Need	10.67	4.76	Low Need	.103	.426
3.　訪問群								
行為	4.85	2.03	High Need	4.10	1.89	Some Need	.221	.286
多動	3.95	1.61	Low Need	4.25	1.16	Low Need	.562	.137
情緒	2.25	2.31	Low Need	2.55	2.33	Low Need	.587	.127
仲間関係	5.20	1.91	High Need	3.90	2.38	Some Need	.087	.386
向社会性	1.95	2.33	High Need	2.00	1.97	High Need	.978	.013
総得点（4 因子）	15.05	5.88	Some Need	12.80	7.04	Some Need	.256	.259

基準は西村・小泉（2010）による

KBPAC が .186、保育効力感が .894、BDI が .355 であった。

また、質問紙の得点（平均値、*SD*）および Wilcoxon 符号付順位検定の結果、効果量 *r* を表 2 に示した。

KBPAC の平均値についてはグループ討議群は実施前 27.47（*SD* 5.68）、実施後 30.67（*SD* 4.10）、効果量 .715 であり、有意差（*p* < .01）が確認された。電話フォロー群は実施前 25.20（*SD* 3.45）、実施後 26.13（*SD* 4.31）、効果量 .199 であり、有意差は確認されなかった。訪問群は実施前 28.07（*SD* 5.40）、実施後 27.21（*SD* 4.98）、効果量 .194 であり、有意差は確認されなかった。

保育効力感の平均値についてはグループ討議群は実施前 33.60（*SD* 5.23）、実施後 34.53（*SD* 4.44）、効果量 .251、電話フォロー群は実施前 33.73（*SD* 5.04）、実施後 35.27（*SD* 5.40）、効果量 .317、訪問群は実施前 34.57（*SD* 4.48）、実施後 34.93（*SD* 4.45）、効果量 .085 であり、いずれも有意差は確認されなかった。

BDI-II の平均値についてはグループ討議群は実施前 8.53（*SD* 5.83）、実施後 7.93（*SD* 6.10）、効果量 .250 であり、有意差は確認されなかった。電話フォロー群は実施前 6.27（*SD* 3.17）、実施後 4.60（*SD* 3.74）、効果量 .672 であり、有意差（*p* < .01）が確認された。訪問群は実施前 8.64（*SD* 5.54）、実施後 6.50（*SD* 6.10）、効果量 .456 であり、有意傾向（*p* < .10）が確認された。

2.　対象児の変化

各群における対象児の介入開始前の平均月齢および SDQ 各因子の平均得点について、クラスカル・ウォリスの検定を実施したところ、いずれも有意差は見られなかった。

SDQ の得点（平均値、*SD*）、西村・小泉（2010）による基準および Wilcoxon 符号付順位検定の結果、効果量 *r* を表 3 に示した。

行為因子についてはグループ討議群のみ有意差（*p* < .05）が確認され、実施前 3.83（*SD* 1.72、Some Need）、実施後 2.96（*SD* 1.30、Low Need）、効果量 .525 であった。

多動因子、情緒因子、向社会性因子についてはいずれの群も有意差は確認されなかった。

仲間関係因子については訪問群のみ有意傾向（*p* <.10）が確認され、実施前 5.20（*SD* 1.91、High Need）、実施後 3.90（*SD* 2.38、Some Need）、効果量 .386 であった。

総得点（4 因子）についてはいずれの群も有意差は確認されなかった。

Ⅳ. 考　察

本研究の目的は、先行研究を元に短時間の保育士研修を開発、実施し、その効果と要因を検討することであった。まず研修時間は計 6 時間であり、荻野（2017）と同様に現場の負担を最小限に抑えることができた。

1. 保育士への効果（表 2 参照）

グループ討議群では KBPAC の得点が有意に向上（*p*<.01）し、水本・竹内（2008）の基準では効果量大であった（以下、同様の基準を元に考察する）。グループ討議型研修では他の研修参加者の事例も耳にする時間が長く、さまざまな事例に触れ、その対応を検討した。具体的には、例えば対象児の攻撃行動がどのような機能を持っているのかが議論され、そこから対応について検討されることが複数回あった。これらのことから、その過程で対応知識が向上するのではないかと考えられた。保育効力感、BDI についてはいずれも有意差または有意傾向は確認されず、効果量も小であり、保育効力感や抑うつ傾向の改善効果は低いと考えられた。これらは荻野（2017）と同様の結果であり、先行研究の結果が支持されたと考えられる。

電話フォロー群では KBPAC は有意差または有意傾向は確認されず、効果量も小であり、保育効力感は効果量は中であったが、有意差または有意傾向は確認されなかった。また BDI は有意に低下（*p*<.01）し、効果量も大であった。この群はグループ討議群のように全体での討議を行っておらず、自分の担当する児のみの検討であったことから、（さまざまな状況における）対応知識や保育効力感の向上に至らなかった可能性がある。一方で、電話フォローによって例えば環境調整を行うことによって集団活動に集中して取り組めるようになった事例などが報告され、「どのように対応すれば良いか分からなかったが、研修受講と電話相談によって対応が分かり、ほっとした」等の参加者の

コメントが得られた。これらのことから、知識面や保育効力感の向上効果は低いと考えられたが、抑うつ傾向の改善に結びついたことが示唆された。個別の対象児事例や保育士個人の対応を重点的に取り上げることによって、それぞれの保育に自信を持つことができ、抑うつ傾向が低減したのではないかと考えられる。

訪問群では、KBPAC や保育効力感は有意差または有意傾向は確認されず、効果量も小またはそれ以下であり、電話フォロー群と同様に、自分の担当する児のみの検討であったことから、（さまざまな状況における）対応知識や保育効力感の向上に至らなかった可能性がある。一方で、BDI の変化は有意傾向で効果量中であり、保育所を訪問して個別事例の検討を行ったことにより、「訪問してもらって気になる行動の意味や対応について考えることができたので、安心できた」などのコメントが得られており、参加者の抑うつ傾向が改善したと考えられた。

なお、電話フォロー群が訪問群と比べて抑うつの改善効果が大きかったことに関しては、電話フォロー群の方が研修参加保育士が直接担当している児の割合が高かったことが要因として考えられる。この割合の違いは後述するように本研究の改善点でもある。

全群で保育効力感の変化がなかったことについては、荻野（2017）と同様の結果であるが、荻野（2017）では研修参加保育士が直接担当していない児が対象児であったことが要因として考察されている。しかし本研究では電話フォロー群は 15 名中 12 名が研修参加者の直接担当していた児であり、本研究のような研修のみでは保育効力感の向上に結びつかない可能性が考えられる。この点はさらなる検証が必要と考えられ、今後の課題である。

2. 対象児への効果（表 3 参照）

グループ討議群では行為因子のみが有意に改善（*p*<.05）し、効果量大であった。その他の因子は有意差または有意傾向は確認されず、効果量も小またはそれ以下であった。前述のようにこの群では、例えば対象児の攻撃行動の機能とその対応について検討されることが複数回あった。実際に攻撃行動の結果として玩具を得ていた児には要求行動を教授したり、注目を得ていた児には他の適切な行動に注目を与えるなど、対応を変化させることによって攻撃行動が減少もしくは消失したことが報告されており、このような検討が対象児の行動変容をもたらしたと考えられる。また行為因子の改善は荻野（2017）と同様であり、グループ討

議型の研修によって対象児の行動が改善されたことがうかがえる。荻野（2017）と異なるのは向社会性因子の改善が見られなかったことであり、これは対象児の月齢（社会性がどの程度求められる月齢なのかという点）や、本研修において保育士が支援の中心とした内容（社会性を支援の中心にしたかどうか）と関連している可能性がある。この部分については対象児月齢や支援内容の詳細な分析を、今後の研究で行っていきたいと考える。

電話フォロー群はいずれも有意差や有意傾向が認められなかったが、行為因子、多動因子、総得点で中程度の効果量が見られた。行為因子、総得点についてはSome NeedからLow Needへと変化しており、臨床的にも意義があると考えられる。前述のように電話フォローによって例えば環境調整（気になる掲示物などの除去）を行うことによって集団活動に集中して取り組めるようになった事例が報告されており、個別的な事例検討によって、対象児の行動上の課題が改善した可能性が示唆された。

訪問群は仲間関係因子の改善が有意傾向（$p<.10$）かつ中程度の効果量があり、High NeedからSome Needへ変化していることから、臨床的意義もあると考えられた。また、行為因子もHigh NeedからSome Needへ変化していた。個別的な事例検討と訪問を行うことによって、対象児の行動上の課題が改善した可能性が示唆された。仲間関係因子が改善した背景には、訪問の要素を取り入れたことが関連していると考えられる。つまり、通常は研修での事例検討の場合、限られた時間の中で対象児の課題について言及するため、仲間関係が主たる課題でなければ他児との関係性について触れられることは少ないと考えられる。実際の事例でも、例えば他児にからかわれたことによって攻撃行動が生じているケースがあり、対象児と他児への両方の関わり方の指導によって解決したことがあった。またどのように関われば良いか分からず孤立しており、「入れて」などの関わり方の教授によって一緒に遊ぶことができた事例もあった。この群では講師が訪問したことにより、対象児の日常の生活を見ることができ、他児との関わりについても助言することができたのではないかと考えられる。

3. 本研究の知見を活かした今後の保育士研修

上記のように、各群において保育士および対象児の変化が異なる結果となった。

まず、知識を重点的に身に付ける場合にはグループ

討議型の研修の効果が高いと考えられる。一方で、対応困難な児が在籍していたり、保育士が対応や行動の意味が分からず、抑うつ傾向にある場合は、電話フォロー型や訪問型が適している可能性があると考えられる。

攻撃行動などの行動上の問題がある児の場合には、攻撃行動の減少や消失が可能であったグループ討議型が有効と考えられるが、行動問題が激しい場合は行為因子がHigh NeedからSome Needに変化した訪問型も適している可能性がある。また、他児との関係性など仲間関係も含めた課題がある場合には、実際場面の交流を観察しながら検討できる訪問型が適していると考えられる。

このように、参加する保育士の状況や対象児の状況によって、研修をより効果のある形で実施していくことが望まれる。

なお、多動傾向などに対する環境調整の必要性がある場合には、訪問型よりも電話フォロー型でより高い効果が保育士に得られていたが、本来であれば現場を訪問する方が高い効果が得られると考えられる。この結果の背景には、SDQの評価者として電話フォロー群の方が研修参加保育士が評価している割合が高いということが考えられる。この点も後述するように本研究の改善点の1つである。

4. 本研究の改善点と今後の展望

本研究の改善点（検討すべき事項）として、対象児を直接担当している場合と他の保育士への助言を行っている場合とで効果が異なる可能性があり、これらを分けて検討する必要があると考えられる。

またSDQの評価者は研修参加者または担任保育士であったことから、評価者のバイアスが機能していた可能性や、評価者（研修参加者であったかどうか）によって結果の差があった可能性がある。今後はこの差についての検討や、他の評価者が評価することなども検討していく必要があると考えられる。

さらに本研究では、保育士の保育経験年数や各群の介入開始前の質問紙得点、対象児のSDQ得点については有意差がなく、概ね等質の群での比較が可能であったと考えられる。ただし、対象児の介入開始前のSDQ平均得点については、3群の中で訪問群のみが介入前の行為因子がHigh Needであり、その他の群はSome Needであったため、厳密には対象児の状況が統制できていなかった可能性がある。この点では、対象児の状況の質的な検討なども考慮に入れる必要が

あるかもしれない。

　さらに、松崎・山本（2015）のように対象児の具体的な行動変化なども計測し、効果を検討していく必要があると考えられる。

〈文　献〉

阿部美穂子（2013）保育士が主体となって取り組む問題解決志向性コンサルテーションが気になる子どもの保育効力感にもたらす効果の検討. 保育学研究, 51(3), 379-392.

Beck, A. T., Steer, R. A., & Brown, G. K.（1996）Beck Depression Inventory-Second Edition（BDI-Ⅱ）（小嶋雅代・古川壽亮（2003）BDI-Ⅱ ベック抑うつ質問票（日本版）. 日本文化科学社.）

Goodman, R.（1997）The Strengths and Difficulties Questionnaire: A research note. Journal of Child Psychology and Psychiatry, 38(5), 581-586.

原口英之・野呂文行・神山　努（2013）保育所における特別な配慮を要する子どもに対する支援の実態と課題—障害の診断の有無による支援の比較. 障害科学研究, 37, 103-114.

松崎敦子・山本淳一（2015）保育士の発達支援技術向上のための研修プログラムの開発と評価. 特殊教育学研究, 52(5), 359-368.

水本　篤・竹内　理（2008）研究論文における効果量の報告のために—基礎的概念と注意点. 英語教育研究, 31, 57-66.

西村智子・小泉令三（2010）日本語版 Strength and Difficulties Questionnaire（SDQ）の保育者評価. 福岡教育大学紀要, 59(4), 103-109.

O'Dell, S. L., Tarler-Benlolo, L., & Flynn, J. M.（1979）An instrument to measure knowledge of behavioral principles as applied to children. Journal of Behavior Therapy & Experimental Psychiatry, 10, 29-34.

荻野昌秀（2017）保育所における発達支援—保育士研修の効果の検討. 自閉症スペクトラム研究, 15（1）, 31-38.

田中善大・三田村仰・野田　航他（2011）応用行動分析の研修プログラムが主任保育士の発達障害児への支援行動に及ぼす効果の検討. 行動科学, 49(2), 107-113.

梅津耕作（1982）KBPAC（Knowledge of Behavioral Principles as Applied to Children）日本語版. 行動療法研究会.

The Japanese Journal of Autistic Spectrum 2021, Vol.18-2, 33-40

実践研究

自閉症スペクトラム障害児の日常生活スキルに対するビデオベース介入の効果
——入浴スキルの獲得と般化——

Effects of video-based interventions for daily life skills of children with autism spectrum disorders: Acquiring and generalizing of bathing skills

小笠原　忍（明星大学大学院人文学研究科）

Shinobu Ogasawara（*Graduate School of Humanities, Meisei University*）

竹内　康二（明星大学心理学部）

Koji Takeuchi（*School of Psychology, Meisei University*）

■**要旨**：研究の目的：自分の体を洗うことができない児童を対象にビデオモデリング（VM）とビデオプロンプト（VP）を含むビデオベース介入（VBI）の効果を検討した。また、VBIによって標的行動の獲得と家庭の入浴場面への般化がみられるかについても併せて検討した。対象児：自閉症スペクトラム障害（ASD）を抱える6歳男児1名を対象とした。場面：対象児が通う療育施設と家庭の入浴場面を利用した。標的行動：入浴に求められる16の行動ステップで構成された一連の行動を標的行動「入浴スキル」と定義した。介入：入浴スキルを実行している様子を第三者の視点（客観的視点）から撮影したビデオを提示するVMと、入浴スキルを実行している様子を対象児本人の視点（主観的視点）から撮影し、入浴スキルの課題分析を行ったビデオを提示するVPを実施した。結果：VM条件では介入効果が限定的であったが、続けてVP条件導入後では入浴スキルの獲得を促すことができた。考察：VBI（VMおよびVP）がASDを伴う児童に対する日常生活スキルの獲得と般化を促す介入法として有益であることが示された。またVM条件にて介入効果が限定された要因と、VP条件にて入浴スキルの獲得を促すことができた要因について考察した。今後は研究デザインを改め、対象人数を増やした追試研究を行うことに加え、どのような対象者や条件下においてVBI（VMおよびVP）が効果的に作用するのかを検討していく必要がある。

■**キーワード**：自閉症スペクトラム障害、ビデオモデリング、ビデオプロンプト、日常生活スキル、入浴スキル

Ⅰ．問題の所在および目的

　自閉症スペクトラム障害（以下、ASD）児の多くは自立に必要とされる日常生活スキルが不足している（Jacobson & Ackerman, 1990）。日常生活スキルとは食事や衣服の着脱、入浴といった身辺自立スキルから買い物や交通機関の利用、余暇活動といった地域生活スキルまでその種類は多岐にわたる。

　ASD児を対象とした介入法として、身体ガイダンスやモデリング、言語といったプロンプト技法が代表的であるが、プロンプトへの依存が生じたり、獲得した行動の般化がみられなかったりするなどの問題が指摘されている（Lovaas et al., 1979; McGee et al., 1985）。このような問題に対して、観察場面の刺激を統制することで、プロンプトへの依存を防ぎ、行動の獲得や般化に効果的なビデオモデリング（以下、VM）やビデオプロンプト（以下、VP）を含むビデオベース介入（以下、VBI）が注目されている（Charlop-Christy et al., 2000; Harin et al., 1987; Rayner et al., 2009）。

　VMとは一連の標的行動を実行するモデルを第三者の視点（客観的視点）から撮影したビデオを作成し、対象者はそのビデオを観察した後、モデルの標的行動を模倣することが求められる（Cannella-Malone et al., 2006）。VMはBanduraの観察学習の原理に基

づいた VBI で、①注意、②保持、③運動再生、④動機づけの4つの前提スキルにより成立するとされている（Bandura, 1975）。日常生活スキルを対象とした VM の先行研究では、歯磨き（Charlop-Christy et al., 2000）、買い物（Haring et al., 1987；嶋田他, 1998）、料理（Mechling et al., 2009）といったさまざまなスキルに対して大きな成果をあげてきた。また VM は科学的根拠に基づいた実践（EBP）の1つとして高く評価されており（Wong et al., 2015）、「十分に検証された行動介入」として見なすことができるという報告もなされている（Corbett, 2003）。

　一方で、VM 単体では介入効果が十分に得られない（Buggey, 2012）、ビデオで観察したモデルの行動を思い出すことが難しい対象者には効果的ではない（Quill, 1997）、長いタスクまたは複雑なタスクには適していない（Sigafoos et al., 2007）など、VM の介入効果が十分に示されない事例がいくつか報告されている。また、VM の学習原理である Bandura（1975）の観察学習には前提スキルの具体的な達成基準が定められていないため、VM の介入効果を高める具体的な条件は未だ明らかにされていない。VM は事例によって介入効果に大きなばらつきがみられ、介入効果を高めるような条件も明らかになっていない。しかし、撮影したビデオを対象者にただ見せるだけという簡易的な手続きである VM は、発達支援の現場において非常に有益な介入法であると考えられる。対象者の能力や標的行動の種類によって VM の介入効果がどの程度得られるのかについては今後も検証していく必要があるだろう。

　VBI のもう1つの介入法として VP がある。VM が客観的視点から撮影した映像（モデルの体全体が映る）であるのに対して、VP は標的行動を本人の視点（主観的視点）から撮影した映像（モデルの体の一部が映る）を用いる（Cannella-Malone et al., 2006）。その映像は標的行動を課題分析して、そのステップ毎のビデオを作成する。対象者は1つの行動ステップの映像を観察した後、そのステップの行動やタスクを実行することが求められる。一連の標的行動が映る映像を一度に観察する VM に対して、VP では標的行動を細分化した映像を観察するため、対象者にとって VP は VM よりも観察する時間の短い映像を提示することとなる。注意の持続や記憶の保持に弱さを抱える知的障害や ASD には効果的な介入法であり（Kellems et al., 2016; Williams et al., 2005）、タスクが長く複雑化するにつれてその成果は明白であるといわれている

（Minshew & Goldstein, 2001）。

　VP の先行研究では VM 同様、料理（Graves et al., 2005; Sigafoos et al., 2005）、洗濯（Cannella-Malone et al., 2011; Horn et al., 2008）、テーブルセッティング（Cannella-Malone et al., 2006; Goodson et al., 2007）など、さまざまな日常生活スキルに対して大きな成果をあげてきた。しかしながら VP の先行研究の中には VP 単体を使用した研究以外に、VP に他のプロンプトを追加して使用した研究やエラー修正として用いられた研究など、さまざまなバリエーションが混在している（Aljehany & Bennett, 2019）。そのため VP 単体の介入効果の検証が今後も求められるだろう。

　本研究は入浴場面で自分の体を洗うことができない ASD を抱える児童を対象に、まず、簡易的な手続きである VM を実施し、VM の介入効果が限定的であった場合、続けて VP を実施するビデオ介入パッケージの効果を検討した。また、自分の体を洗うスキル（以下、入浴スキル）の獲得と家庭の入浴場面における般化がみられるかについても検討した。

Ⅱ. 方　法

1. 対象児

　ASD の診断を受けている6歳男児1名を対象とした。田中ビネーⅤの結果、IQ82 であった。保護者からの聞き取りによると、入浴は基本的に保護者と一緒に行っており、保護者の指示に従って洗ったり、時折保護者に手伝ってもらったりしていた。保護者の指示がなかったり、指示が曖昧であったりした場合はただ指示を待ち続ける、大雑把に洗う、何度も同じ部位を洗い続ける、「わからない」「教えて」と言うといった反応がみられた。保護者の要望としては、できることはなるべく自分一人の力でできるようになってほしい、最終的には一人で入浴できるようになってほしいといった内容が挙げられた。

2. 倫理的配慮

　本研究の目的や内容、個人情報保護への配慮、研究成果の公表について、保護者に書面と口頭で説明を行い、同意を得た。

3. 指導場面および指導期間

　本研究は対象児が通う療育施設で行われている療育の一部（以下、指導場面）と自宅における実際の入浴

場面（以下、家庭場面）を利用した。指導場面ではお風呂イス、空のシャンプーボトルとボディーソープボトル、体を洗うスポンジを使用した。家庭場面では対象児が日常的に入浴で使用しているものを使用した。指導期間は 20XX 年 12 月から 20XX ＋ 1 年 3 月であった。指導場面は週に 1 〜 2 日程度で 1 日に 1 試行実施した。

4. 標的行動

　対象児の入浴に関する現状を把握するために、保護者が事前に行動観察を行った。その情報を参考に第一著者と保護者で入浴に求められる一連の行動の課題分析を行い、16 の行動ステップを抽出した。それらを標的行動「入浴スキル」として本研究では定義した（表 1）。入浴スキルの獲得において VM の介入効果がどの程度作用するかどうかについては、第一著者と保護者とで協議を行った。その結果、対象児は模倣が可能であったため、VM でもある一定の効果がみられる可能性があると判断し、本研究では VM を先に導入することとなった。ただし VM の介入効果が限定的であった場合、続けて VP に移行し入浴スキルの獲得を促すこととした。

5. ビデオ教材

　表 1 に示した入浴スキルをもとに、VM 条件で使用したビデオ（以下、VM ビデオ）と VP 条件で使用したビデオ（以下、VP ビデオ）の 2 種類を作成した。

（1）VM ビデオ

　VM ビデオは対象児自身がモデルとなり、入浴スキルの 1 から 16 までの一連の行動ステップを順番通りに実行している様子を客観的視点から撮影したビデオを作成した。その映像はまるで入浴スキルを実行している対象児を第三者の立場から観察しているような映像であった。

（2）VP ビデオ

　VP ビデオはモデルや基本的な撮影方法は VM ビデオと同様であるが、主観的視点から撮影を行った。ビデオ撮影後、その映像を 16 の行動ステップごとに課題分析したビデオを作成した。その映像はまるで対象児本人が入浴スキルを実行しているような映像であった。

6. 手続き

　本研究の手続きはベースライン（以下、BL）、VM、プローブ①、VP、プローブ②の 5 フェイズで構成し

表 1　入浴スキルの課題分析

| 1 スポンジにボディソープをつける |
| 2 太ももを洗う |
| 3 ふくらはぎを洗う |
| 4 足（つま先やかかと）を洗う |
| 5 局部とお尻を洗う |
| 6 腕を洗う |
| 7 手を洗う |
| 8 お腹を洗う |
| 9 胸を洗う |
| 10 脇を洗う |
| 11 首を洗う |
| 12 肩を洗う |
| 13 体全体を流す |
| 14 手にシャンプーをつける |
| 15 髪を洗う |
| 16 髪を流す |

た。指導場面は全 5 フェイズ、家庭場面は BL、プローブ①、プローブ②の 3 フェイズであった。指導場面では対象児は着衣状態で第一著者が行動の記録を行ったが、家庭場面では対象児の入浴スキルの般化がみられるか否かを検証するために実際の入浴場面を利用した。そのため対象児は脱衣状態で保護者が行動の記録を行った。

（1）BL

　指導場面および家庭場面にて入浴スキルが生起するか否かを観察した。

　指導場面ではまず対象児をお風呂イスに座らせ、目の前に空のシャンプーボトルとボディーソープボトル、体を洗うスポンジを置いた状態を設定した。次に第一著者は対象児に「体洗って」と指示し、入浴スキルの生起の有無を観察した。身体的な促しや声掛けといったプロンプトは一切行わなかった。対象児が入浴スキルの行動ステップを順行することを正反応、入浴スキルの行動ステップを逆行することを誤反応とした。正反応や誤反応がみられた場合はそのまま観察を続けたが、対象児が「わからない」「教えて」と言う、何もせずただ指示を待ち続ける、といった反応が観察された場合は直ちに試行を終了した。

　家庭場面では対象児の入浴スキルの般化がみられるか否かを検証するために、自宅における実際の入浴場面を利用した。基本的な手続きは指導場面と同様であったが、対象児が「わからない」「教えて」と言う、何もせずただ指示を待ち続ける、といった反応が観察

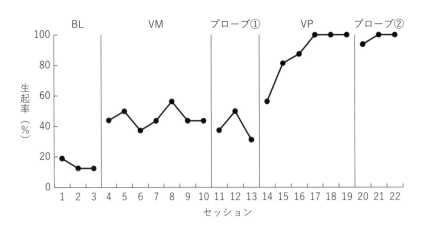

図1 対象児の指導場面における入浴スキルの生起の推移

された場合は直ちに試行を終了し保護者が身体プロンプトを用いて入浴スキルを促した。

（2）VM条件

VMビデオを用いて入浴スキルの獲得と般化を促した。第一著者が「お風呂のビデオ見るよ」と言って対象者にVMビデオを提示した。VMビデオ視聴後、第一著者は対象児に「体洗って」と指示し、BLと同様、入浴スキルの生起の有無を観察した。

（3）プローブ①

BLと同様の手続きを行った。

（4）VP条件

VPビデオを用いて入浴スキルの獲得と般化を促した。第一著者が「お風呂のビデオ見るよ」と言って対象者にVPビデオを提示した。入浴スキルを行動ステップごとに課題分析化したVPビデオを視聴後、次の行動ステップのVPビデオに進む前にその行動ステップを実行すること、すなわち正反応を行うことを求めた。16の各行動ステップのビデオを1つ1つ観察し遂行することを繰り返し行った。具体的には1つの行動ステップが映ったVPビデオを提示後、3秒以内に正反応を求めた。VPビデオ提示後3秒以内に正反応が観察されない場合、第一著者は対象児に対して正反応に関する言語プロンプト（「○○を洗います」）やポインティング（体の部位を指でさす）を行った。VPビデオ視聴後の手続きはVM条件と同様であった。

（5）プローブ②

BLと同様の手続きで行った。

Ⅲ．結　果

1．入浴スキルの獲得

指導場面における入浴スキルの生起の推移を図1に示した。

（1）BL

入浴スキルの生起率は3セッションすべてにおいて20％未満という低い値であった。対象児は何度も同じ部位を洗おうとする、「わからない」「教えて」と言うといった反応が観察された。

（2）VM条件

入浴スキルの生起率は30％から60％の範囲まで増加した。しかし60％以上の生起率は一度も観察されなかった。対象児は入浴スキルの行動ステップを逆行する誤反応や何度も同じ部位を洗おうとする反応が観察された。

（3）プローブ①

入浴スキルの生起率はVM条件と同程度であった。

（4）VP条件

入浴スキルの生起率は60％以上の範囲で観察されるようになり、段階的に生起率は増加した。最終的に入浴スキルの生起率は100％まで達し、入浴スキルの獲得が示された。

（5）プローブ②

入浴スキルの生起率は3セッションすべてにおいて90％以上という高い値となり、獲得した入浴スキルの維持が示された。

2．入浴スキルの般化

家庭場面における入浴スキルの生起の推移を図2に示した。

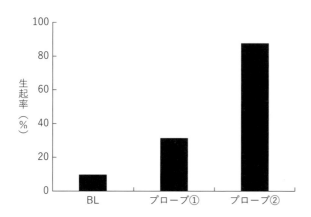

図2　対象児の家庭場面における入浴スキルの生起の推移

(1) BL

入浴スキルの生起率は10％未満という低い値であった。

(2) プローブ①

入浴スキルの生起率は30％以上の範囲まで増加したが、40％以上の生起率は観察されなかった。

(3) プローブ②

入浴スキルの生起率は80％以上という高い値であった。

Ⅳ. 考　察

1. 標的行動「入浴スキル」の獲得と家庭場面への般化

本研究では1名のASD児を対象に入浴スキルを標的行動として、VBI（VMおよびVP）の効果を検証した。まずVMを導入し入浴スキルの生起を促し、続けてVPを導入することで入浴スキルの獲得を目指した。その結果、ASDのある児童を対象として入浴スキルの獲得と家庭場面への般化を促すことができた。本研究においてVBI（VMおよびVP）がASDを伴う児童に対して日常生活スキルの獲得と般化を促す介入法として有益であることが示された。

(1) VMの効果

VM条件では入浴スキルの生起率が30％から60％の範囲まで増加したが、60％以上の生起率は一度も観察されなかった。対象児は入浴スキルの行動ステップを逆行する誤反応や何度も同じ部位を洗おうとする反応が観察された。その後のプローブ①においてもそれ以上の生起率がみられることはなかった。なぜVM単体では生起率60％以上の入浴スキルを促すことができず、VMの介入効果は限定的になってしまったの

だろうか。その理由として、VMの介入効果に作用する前提スキルの欠如が考えられる。先述したように、VMはBanduraの観察学習の原理に基づいた介入法である。観察学習の成立には①注意、②保持、③運動再生、④動機づけの4つの前提スキルが仮定されている（Bandura, 1975）。VMの介入効果を十分に得るためには、対象者はビデオ映像に映ったモデルが行う行動を注視し（①注意）、その行動を記憶し（②保持）、その行動を実際の場面で再現する（③運動再生）といった前提スキルを獲得している必要がある。本研究の対象者の場合、VM条件下にて入浴スキルの行動ステップを逆行する誤反応や何度も同じ部位を洗おうとする反応が観察された。このことから、モデルの入浴スキルを記憶すること（②保持）、実際の場面で入浴スキルを再現すること（③運動再生）のどちらか、あるいはその両方の前提スキルが未獲得であった可能性が考えられる。この結果は対象者がモデルの行動を想起できなかったり、タスクが長く複雑であったりした場合、VM単体の介入効果が十分に得られないという報告とも一致する（Quill, 1997; Sigafoos et al., 2007）。

(2) VPの効果

VP条件では入浴スキルの生起率が60％以上の範囲で観察され、段階的に増加した。最終的に入浴スキルの生起率は100％まで達し、入浴スキルの獲得が示された。その後のプローブ②においても高い生起率の維持が観察された。VPの介入効果が十分に得られた理由としては、ビデオの提示方法と学習原理の違いが考えられる。VMでは入浴スキルの16すべての行動ステップが映った映像を一度で観察しなければならないのに対して、VPでは入浴スキルの16の行動ステップを1つ1つに課題分析した映像を観察する。そのためVPの映像はVMの映像よりもビデオの提示時間が比較的短く、対象者に必要とされる前提スキルの影響を受けにくくなると言えるだろう。本研究の対象児の場合、入浴スキルを行動ステップごとに課題分析した短い映像を提示したことにより、記憶保持や運動再生の弱さという対象児のもつ特性を補い、段階的に入浴スキルの獲得を促した可能性が考えられる。また、VPは弁別学習や行動連鎖の要素を含んでいる可能性が考えられる。VMはモデルが入浴スキルを実行している様子を観察するのみであるが、VPでは入浴スキルの各行動ステップの映像を手がかりとして、そのステップの行動を実行することが求められる。各行動ステップの映像が先行刺激となり、その映像を手がかりとして弁別することでそのステップの行動の生起を促

しているかもしれない。そして、1つの行動ステップを実行後、次の行動ステップに進み、今後はその行動ステップを実行することが求められる。長く複雑な行動を課題分析し、行動ステップを1つ1つ段階的に教えていく手続きは行動連鎖による方略であると考えられる。このように、VP が注意の持続や記憶の保持に弱さを抱える対象者にとって有用な介入法であり、長く複雑なタスクであればあるほどより効果的であるという見解（Kellems et al., 2016; Minshew & Goldstein, 2001; Williams et al., 2005）を支持する結果となったといえるだろう。

2. VBI（VM および VP）の課題

　VBI（VM および VP）の介入効果を踏まえ、VM と VP それぞれの課題について言及する。本研究の結果は VM を先に導入し一定の効果が得られた。しかし完全に入浴スキルの獲得を促すことはできなかったため、続けて VP を導入したところ、入浴スキルの獲得と般化を促すことができた。この結果は VM 導入後に VP を導入するビデオ介入パッケージが、ASD 児に対して入浴スキルの獲得を促す介入法として有用であったことを示唆している。またそれは VM が全く効果的ではなかったということではなく、VM 単体の介入効果が十分に得られる場合とそうではない場合があることを示していると考えられる。VM はモデルが映ったビデオを観察するのみという非常に簡易的な手続きであるにもかかわらず、多くの肯定的な結果を示してきた（Charlop-Christy et al., 2000; Haring et al., 1987; Mechling et al., 2009；嶋田他, 1998）。また、VM は VP と比べ、行動ステップごとにビデオ教材を作成する必要がなく、指導者は介入中にコンピューターを用いて1つのビデオを再生するのみという実践的な利点を有している（Cannella-Malone et al., 2006）。VM は発達支援の現場や指導者にとって実用性の高い介入法であるといえるだろう。

　VM の今後の課題としては、VM の介入効果に作用する前提スキルを明確化し、VM の介入効果を安定させることであると考えられる。先述したように VM には観察学習の4つの前提スキルが不可欠である。しかし Bandura（1975）の観察学習には前提スキルの獲得に必要な達成基準が定められておらず、それぞれの前提スキルがどのような課題に対してどの程度の基準を達成する必要があるのかが明らかになっていない。前提スキルの①注意を例とした場合、どのようなビデオをどのぐらいの時間注視し続ける必要があるの

か、その能力はどのような方法で測定するのかなどが具体的に定められていない。これでは対象者にとってVM が有効的に作用するか否かを判断することが難しい。したがって VM の介入効果を十分に得るためには、観察学習の成立条件である前提スキルを明確化することが必要であると考えられる。

　一方、VP は標的行動を実行しているモデルが映った映像を行動ステップごとに課題分析した映像を観察することで、行動の獲得を促す介入法である。これまでの先行研究から VM 同様、効果的な介入法であると考えられる（Cannella-Malone et al., 2006; Cannella-Malone et al., 2011; Goodson et al., 2007; Graves et al., 2005; Horn et al., 2008; Sigafoos et al., 2005）。しかし VM に比べ、行動ステップごとにビデオ教材を作成しなければならないことに加え、指導者は対象者が各行動ステップを実行するよう促すことが求められる。そのため VP は VM 以上に指導者に労力を要する可能性がある。とはいえ本研究のように、先に VM を導入し一定の水準まで標的行動の生起を促した後に VP を導入することで VM では促すことができなかった細かな行動ステップの獲得を促すことができるだろう。

3. 本研究の限界と今後の展望

　本研究における限界について以下に述べる。まず、対象児が児童1名のみであった。本研究は ASD を抱える児童1名を対象に VBI（VM および VP）を用いて、日常生活スキルの1つである入浴スキルの獲得と般化を促した。これまでの多くの先行研究から、日常生活スキルに対する VBI（VM および VP）の有効性は示されているが、VM 導入後に VP を導入するビデオ介入パッケージの有効性はあまり検討されていない。このビデオ介入パッケージの有効性を示すために、今後対象人数を増やした追試を行い、検討していく必要がある。

　次に、代表的なプロンプト技法（身体ガイダンスやモデリング、言語）と本研究で用いた VM 導入後に VP を導入するビデオ介入パッケージのどちらの介入法が入浴スキルに対して有効であったかは断定することができない。本研究では VBI（VM および VP）以外に、代表的なプロンプト技法（身体ガイダンスやモデリング、言語）を用いていない。そのため、両者の介入効果を厳密に比較検証できず、入浴スキルに対して最良の介入法が何であったのかを示すことはできなかった。今後は研究デザインを改め、検討していく必

要がある。

さらに、VBI（VM および VP）がどのような前提スキルや特性をもつ対象者に対して効果的に作用するのかは明らかにできていない。本研究では VM の介入効果が限定的に作用した要因として、対象児の前提スキルの欠如やその弱さを挙げている。しかし実際に対象児の前提スキルを検査や尺度を用いてアセスメントしたわけではない。そのため対象児の前提スキルの欠如やその弱さによって、VM の介入効果が限定されたのか否かを判断しきれない。今後は対象児の前提スキルや特性をさまざまなアセスメントで把握した上で、検証していく必要がある。

そして、ビデオを撮影した視点が VM と VP で異なっていた。VM ビデオは客観的視点から撮影されたのに対し、VP ビデオは主観的視点から撮影された。そのため VM ビデオにはモデルである対象児の全身に加えて、その背景である壁や床なども映っていた。それに対して VP ビデオには行動ステップごとのビデオにそのステップで洗う対象者自身の手や足といった体の一部が映っていた。この撮影した視点の違いが本研究の結果に影響を与えた可能性がある。今後は研究デザインの再考が必要であると考えられる。

最後に、上記した限界を踏まえ、対象者の特性や標的行動の種類によって、VM と VP どちらの介入法が効果的に作用するのかを検証するとともに、VBI（VM および VP）の介入効果を高めるにはどのような条件が関係しているのかを明らかにする必要があるだろう。

〈文　献〉

Bandura, A.（1971）Psychological Modeling: Conflicting Theories. Aldine Atherton, inc.（原野広太郎・福島修美訳（1975）モデリングの心理学―観察学習の理論と方法．金子書房．）

Buggey, T.（2012）Effectiveness of video self-modeling to promote social initiations by 3-year-olds with autism spectrum disorders. Focus on Autism and Other Developmental Disabilities, 27, 102-110.

Cannella-Malone, H. I., Fleming, C, Chung, Y-C. et al.（2011）Teaching daily living skills to seven individuals with severe intellectual disabilities: A comparison of video prompting to video modeling. Journal of Positive Behavior Interventions, 13, 144-153.

Cannella-Malone, H. I., Sigafoos, J., O'Reilly, M. et al.（2006）Comparing video prompting to video modeling for teaching daily living skills to six adults with developmental disabilities. Education and Training in Developmental Disabilities, 41, 344-356.

Charlop-Christy, M. H., Le, L., & Freeman, K. A.（2000）A comparison of video modeling with in vivo modeling for teaching children with autism. Journal of Autism and Developmental Disorders, 30, 537-552.

Corbett, B. A.（2003）Video modeling: A window into the world of autism. The Behavior Analyst Today, 4, 88-96.

Goodson, J., Sigafoos, J., O'Reilly, M. et al.（2007）Evaluation of a video-based error correction procedure for teaching a domestic skill to individuals with developmental disabilities. Research in Developmental Disabilities, 28, 458-467.

Graves, T. B., Collins, B. C., Schuster, J. W. et al.（2005）Using video prompting to teach cooking skills to secondary students with moderate disabilities. Education and Training in Developmental Disabilities, 40, 34-46.

Haring, T, G, Kennedy, C. H., Adams, M. J. et al.（1987）Teaching generalization of purchasing skills across community settings to autistic youth using videotape modeling. Journal of Applied Behavior Analysis, 20, 89-96.

Horn, J. A., Miltenberger, R. G., Weil, T. et al.（2008）Teaching laundry skills to individuals with developmental disabilities using video prompting. International Journal of Behavioral Consultation & Therapy, 4, 279-286.

Jacobson, J. W. & Ackerman, L. J.（1990）Differences in adaptive functioning among people with autism or mental retardation. Journal of Autism and Developmental Disorders, 20, 205-219.

Kellems, R. O., Frandsen, K., Hansen, B. et al.（2016）Teaching multi-step math skills to adults with disabilities via video prompting. Research in Developmental Disabilities, 58, 31-44.

Lovaas, O. I., Koegel, R. L., & Schreiman, L.（1979）Stimulus overselectivity in autism: A review of research. Psychological Bulletin, 86, 1236-1254.

McGee, G. G., Krantz, P. J., & McClannahan, L. E.（1985）The facilitative effects of incidental teaching on preposition use by autistic children. Journal of Applied Behavior Analysis, 18, 17-31.

Mechling, L. C, Gast, D. L., & Gustafson, M. R.（2009）Use of video modeling to teach extinguishing of cooking related fires to individuals with moderate intellectual disabilities. Education and Training in Developmental Disabilities, 44, 67-79.

Minshew, N. J. & Goldstein, G.（2001）The pattern of intact and impaired memory functions in autism. Journal of Child Psychology and Psychiatry and Allied Disciplines, 42, 1095-1101.

Quill, K. A.（1997）Instructional considerations for young children with autism: The rationale for visually cued instruction. Journal of Autism and Developmental Disorders, 27, 697-714.

Rayner, C., Denholm, C., & Sigafoos, J.（2009）Video-based intervention for individuals with autism: Key questions that remain unanswered. Research in Autism Spectrum Disorders, 3, 291-303.

嶋田あおい・清水直治・氏森英亞（1999）ダウン症生徒におけるビデオモデリングを用いた買物スキルの形成に関する検討. 行動分析学研究, 13, 27-35.

Sigafoos, J., O'Reilly, M., Cannella, H. et al.（2007）Evaluation of a video prompting and fading procedure for teaching dish washing skills to adults with developmental disabilities. Journal of Behavioral Education, 16, 93-109.

Sigafoos, J., O'Reilly, M., Cannella, H. et al.（2005）Computer-presented video prompting for teaching microwave oven use to three adults with developmental disabilities. Journal of Behavioral Education, 14, 189-201.

Williams, D. L., Goldstein, G., Carpenter, P. A. et al.（2005）Verbal spatial working memory in autism. Journal of Autism and Developmental Disorders, 35, 747-756.

Wong, C., Odom, S. L., Hume, K. A. et al.（2015）Evidence-based practices for children, youth, and young adults with autism spectrum disorder A comprehensive review. Journal of Autism and Developmental Disorders, 45, 1951-1966.

The Japanese Journal of Autistic Spectrum 2021, Vol.18-2, 41-49

資料

発達障害者の運転免許取得における課題と支援

Support and challenges in obtaining driver's licenses by individuals with developmental disorders

高橋　幾（早稲田大学大学院教育学研究科）
Iku Takahashi（*Graduate School of Education, Waseda University*）

小野島　昂洋（早稲田大学大学院教育学研究科）
Takahiro Onoshima（*Graduate School of Education, Waseda University*）

梅永　雄二（早稲田大学教育・総合科学学術院）
Yuji Umenaga（*Faculty of Education and Integrated Arts and Sciences, Waseda University*）

■**要旨**：移動スキルは発達障害者の充実した地域生活にとって重要であり、運転免許取得は公共の交通機関が整っていない地域においては活動範囲の拡大につながる。しかし、日本では発達障害者の運転免許取得に関する研究は少なく、その実態は未だ明らかでない。そこで、本研究は発達障害者が運転免許取得の際に抱える困難と必要とされる支援を探索的に検討することを目的に、発達障害に特化したコースを設置しているA自動車教習所の教習データの分析、および同コースの指導員への聞き取り調査を行った。教習データの分析から発達障害者は（1）技能教習・卒業検定では、定型発達者より多くの時間を要する人の比率が高いこと、（2）技能教習では、不器用さや般化の困難などの発達性協調運動症（以下DCD）の特性との関連が指摘された。また、聞き取り調査からは、（3）指導員が技能教習で問題と感じていることは、視野・操作・般化の3つの「運転技能」の領域および「指示理解」「運転への不安」であったこと（4）支援の工夫では、運転技能への課題と併せて「指示方法の変更」「情報収集・連携」「心理面への配慮」の対応がとられていること（5）定型発達群も技能教習で問題となるところは発達障害群と変わらないことなどが明らかとなった。これらの結果に基づき発達障害者の運転免許取得において求められる支援を議論した。

■**キーワード**：ライフスキル、運転免許、自動車教習所

I．問題の所在および目的

成人期の人々にとって、自動車運転技能を身に着けることは自立に向けた大きなステップであり、自動車による移動が可能になることで、社会参加、職業生活、そして教育機会の向上につながる。特に、電車やバスなどの公共の交通機関が整っていない地域においてはその影響は大きい。しかし、発達障害（以下DD）者は、運転免許の所持の割合が低く、運転免許を所持していたとしても定型発達（以下TD）者に比べて運転への自信が低く、運転行動に違いがあること

が報告されている。

例えば、Jeromeら（2006）は、注意欠如・多動症（以下ADHD）者の運転リスクに関する研究についてレビューし、ADHD者は、統制群と比較して違反点数が多く運転のリスクが高いことや、運転行動に対する質問紙による調査でミスや違反が多く報告されていることを明らかにしている。

自閉スペクトラム症（以下ASD）者においては、運転免許の所持の割合が低く公共交通機関を利用する可能性が高いことや、運転免許を所持していたとしても非ASD者に比べて運転への自信が低く、運転行動に違いがあることが報告されている（Lindsay, 2017）。

Chee ら（2017）は、13 名の ASD 者と 21 名の TD 者に対して、実際に運転している自然な交通環境下においての運転技術の比較を行った。その結果、ASD 者は運転技術において TD 者より低い評価であり、特に交差点での運転において躊躇したり遅くなったりすることを報告している。

　発達性協調運動症（以下 DCD）者は、その不器用さから運転技能における課題が報告されている。DCD とは、神経発達症群の中の運動症群に位置づけられる障害で、ASD や ADHD との併存性が高いことが知られている（American Psychiatric Association, 2013）。de Oliveira & Wann（2012）は、DCD のある若年成人に対して、仮想都市とドライビングシミュレータを用いて、操舵制御、速度調節、道路上の歩行者への反応を調べた。その結果、DCD 者は、統制群と比較してカーブを曲がるときの操作と歩行者に対する反応に難しさを示したことを報告している。また、Kirby ら（2011）は、DCD のある学生に対して運転行動についての質問紙調査を行い、統制群の学生の 84.4％が自動車教習を受けたことがあるのに対し DCD のある学生では 57.9％にとどまっていること、1 週間の平均走行距離が有意に少ないことを報告している。

　以上より、DD 者は一般の運転者に比べて運転において困難さを感じており、交通手段として車の運転を避けている可能性が示されている。

　DD 者は、運転免許取得時においても困難さがあり、自立に対する制限を伴う可能性が指摘されている。例えば、Tyler（2013）は、アスペルガー症候群の人たちの社会性の障害が、指導員へ誤解を生み、コミュニケーション不足につながる可能性を指摘している。Almberg ら（2017）は、ASD 者と ADHD 者 33 名とその指導員 9 名に対するアンケートと聞き取りの調査から、スウェーデンの青年の平均的な自動車教習回数に比べて、ADHD 者では 50％高く、ASD 者の回数は約 3 倍近くになっていることを報告している。また、Kirby ら（2011）は、DCD のある学生は学科試験や実技試験の受験回数が統制群と対象群の間で有意に差があり、より多くの回数を必要としたことを明らかにしている。

　日本においても DD 者への運転免許取得支援についての研究が始まっている（栗村, 2015；竹澤他, 2018）。しかし、日本における報告は事例の検討が主であり、先に紹介した米国の研究のような計量的な報告による研究は少ない。

　そこで、本研究は DD 者が運転免許取得の際に抱える困難さを把握し必要とされる支援を探索的に検討することを目的に、DD 者の運転免許を支援する特別なコースを設置している A 自動車教習所にて調査を行った。まず、技能教習や卒業検定などの教習データについて DD 者と TD 者との比較を行った。次に、同コースの指導員を対象に、教習の際に同コースの受講者が経験する困難さとそれに応じてどのような支援が行われているのかの聞き取りを行った。

Ⅱ．方　法

1.「教習データの分析」
（1）対象者

　A 県にある A 自動車教習所は DD 者の運転免許を支援する特別なコース（T プラン）を設置している。T プランは、コーディネーターという専門の職員が教習生活をサポートする。学科や技能に関する教習のサポートのほかに生活面やメンタル面のサポートも行う。

　本研究では、201X 年度から 201X ＋ 3 年度設置の間にそのコースに入校した 162 名の中から、自身が ASD、ADHD、限局性学習症（SLD）、知的発達症（IDD）の診断を受けていると報告した 117 名を DD 群（女性 21 名、男性 96 名、平均年齢 20.9 歳）として分析の対象とした。117 名の内、ASD が 67 名、ADHD が 19 名、SLD が 8 名、IDD が 51 名であった（診断の重複があるため合計は 117 名にならず）。また、比較対象として、同自動車教習所を 201X ＋ 3 年度に通常のコースで入校した 160 名を TD 群（女性 121 名、男性 39 名、平均年齢 18.7 歳）として設定した。

（2）倫理的配慮

　本研究は、個人情報及び倫理面に配慮しおこなった。発表と掲載について T プランの参加者、保護者、A 自動車教習所の代表取締役からの同意を得ている。

（3）対象とする変数とコーディング

　以下に運転免許の取得に関わる指標として用いた 5 つの変数とその説明を示した。

　①卒業検定の受検回数：卒業検定は全ての学科・技能の教習を終えて、みきわめ（技能 2 段階の最終項目）を合格すると受けることができる。決められたコースを走り、定められた項目についての減点法で採点され、70 点を超えると合格できる。

②修了検定の受検回数：修了検定は 1 段階の学科全科目終了後にみきわめ（技能第 1 段階の最終項目）を合格すると受けることができる。定められた項目についての減点法で採点され、70 点を超えると合格ができ、仮免許を取得できる。

③技能 1 段階終了までに要した時数：AT 免許の場合には最短 12 時間で終えることができるが、回ごとに目標としている内容が習得できない場合には、再度その回の受講が必要になる

④技能 2 段階終了までに要した時数：AT 免許の場合には最短で 19 時間で終えることができる。それ以外は③と同様。

⑤仮免学科試験の回数：1 段階の学科全科目を受講後に仮免前効果測定（仮免学科試験に備えての模擬試験）を受け、技能検定試験に合格すると受験することができる。90 点以上で合格になり、これに合格しないと仮免許が取得できないため、2 段階の教習に進めない。

①②⑤の変数においては、大多数が 1 回で受検を終えており 2 回以上要する人の数が少なかったため、分析結果の解釈を容易にするために［初回合格者＝ 0、再試験・再検定者＝ 1］に 2 値化したものを分析に用いた。③④の変数についても最短の時数で終える者が多かったため（つまり、1 段階を 12 回、2 段階を 19回）、こちらも［最短時数での修了者＝ 0、要再履修者＝ 1］と 2 値化して分析を行った。

201X ＋ 1 年度から 201X ＋ 3 年度に入校した DD 群91 名については、技能教習のどの項目で再履修が発生したかに関する記録も取得していたため項目レベルで 2 値化を行い、どの項目において再履修が発生しやすいかを百分率で求めた。

（4）分析

分析は全て R ver 3.5.1（R core team 2018）を用いて行なった。①から⑤の変数については、DD 群とTD 群における再試験・再検定の発生率、要再履修者の比率の差の検定を行ない、また連関係数を求めた。

技能教習の項目ごとのデータについては、記述統計を示した。

2.「指導員からの聞き取りの分析」

（1）対象者

教習データの分析と同じ A 自動車教習所の T プランを担当している指導員 7 名を対象とした。

（2）手続き

指導員一人への面接時間は教習 1 時限分の 50 分で、

表 1　聞き取り対象者の基本的属性

	指導員年数	T プラン年数
指導員 A	16	9
指導員 B	8	7
指導員 C	19	8
指導員 D	19	8
指導員 E	23	9
指導員 F	3	2
指導員 G	14	9

面接は A 自動車教習所の個別学習室を利用した。Tプランの参加者の指導において「技能教習において問題となること」1 つ 1 つに対して「問題に対する支援の工夫」を挙げるように聞き取りを行った。インタビューデータは佐藤（2008）を参考に整理を行った。まず、第 1 に、指導員が口述した内容をテーマごとに書き出した（セグメント化）。第 2 に、セグメントに対して、小見出しをつける形式で、コード化する「定性的コーディング」を行った。第 3 に、整理を進めるため関連性があるコード同士をまとめる「焦点的コーディング」を行い、より抽象度の高いコードとしてまとめた。第 4 に、これらのコードから、「概念的カテゴリー」を生成した。各コードと概念的カテゴリーの間の関係性を表 4「技能教習において問題となること」、表 5「問題に対する支援の工夫」に示す。問題と工夫は対応関係にあり、表に記載された No が具体的な対応関係を示す。

なお、指導員 A と D に対しては TD 群についても同様の内容で聞き取りを行った。

Ⅲ．結　果

1.「教習データの分析」

（1）要再試験・再検定率、再履修率の比較

①から⑤の変数について、群ごとの要再試験・検定率、再履修率を表 2 に示した。

表 2 を見れば分かるように全ての変数において DD群の要再試験・検定率、再履修率が高かった。群ごとの比率に差があるのかを検討するため、イェーツの補正を行わない χ^2 検定を行い、連関係数としてユールの Q を求めた。卒業検定が $\chi^2(1) = 5.19$、$p = .023$、$Q = .410$、修了検定が $\chi^2(1) = 0.48$、$p = .488$、$Q = .100$、技能 1 段階が $\chi^2(1) = 44.17$、$p < .001$、$Q = .705$、仮免

表2 群と各従属変数のクロス集計表および検定結果

従属変数		定型発達群（$n=160$）	発達障害群（$n=117$）	χ^2	p	Q
卒業検定	初回合格	92.5%（148）	83.8（98%）	5.19	.023	.410
	2回以上	7.5%（ 12）	16.2（19%）			
修了検定	初回合格	78.8%（126）	75.2%（88）	0.48	.488	.100
	2回以上	21.2%（ 34）	24.8%（29）			
技能 1段階	再履修無し	80.6%（129）	41.9%（49）	44.17	<.001	.705
	再履修有り	19.4%（ 31）	58.1%（68）			
技能 2段階	再履修無し	98.1%（157）	71.8%（84）	—	.010	.736
	再履修有り	1.9%（ 3）	28.2%（33）			
仮免学科	初回合格	91.2%（146）	78.6%（92）	8.89	.003	.478
	2回以上	8.8%（ 14）	21.4%（25）			

注）「技能2段階」に関しては、セルの期待値が5を下回ったのでフィッシャーの直接確率検定を行った。

表3 項目ごとの再履修発生率

段階	技能目標	再履修率（%）
1段階	車の乗り降りと運転姿勢・自動車の機構と運転装置の取扱い・発進と停止・速度の調節	7.7
	走行位置と進路・時期をとらえた発達と加速	9.9
	目標に合わせた停止・カーブや曲がり角の通行	22.0
	坂道の通行・後退	5.5
	狭路の通行	29.7
	通行位置の選択と進路変更・障害物への対応・標識・表示に従った走行・信号に従った走行	33.0
	交差点の通行（直進）・交差点の通行（左折）・交差点の通行（右折）	16.5
	見通しの悪い交差点の通行・踏切の通過	1.1
	教習効果の確認（みきわめ）	28.6
2段階	路上運転に当たっての注意と路上運転前の準備・交通の流れに合わせた走行	0.0
	適切な通行位置・進路変更	0.0
	信号、標識・表示等に従った運転	0.0
	交差点の通行	1.1
	歩行者等の保護	0.0
	道路及び交通の状況に合わせた運転	1.1
	教習効果の確認（みきわめ）	36.3

注）$n=91$

学科試験が$\chi^2(1)=8.89$、$p=.003$、$Q=.478$という結果であった。技能2段階については、セルの期待値が5を下回ったためフィッシャーの直接確率検定を行い、$p=.010$、$Q=.736$であった。このことから、（1）卒業検定、（3）（4）技能1・2段階、（5）仮免学科試験においてDD者はTD者よりもより時間を要することが明らかになった。

（2）項目ごとの再履修率

DD者91名についての技能教習の項目ごとの再履修率を表3に示した。DD者の再履修が必要になる割合は技能教習の項目ごとに異なっていた。再履修の発生率が高かった項目は「狭路の通行（1段階）」（29.7%）、「通行位置の選択と進路変更・障害物への対応・標識・表示に従った走行・信号に従った走行（1段階）」（33%）、「教習効果の確認（みきわめ）（1段階）」（28.6%）、「教習効果の確認（みきわめ）（2段階）」（36.3%）であった。

教習データの分析では（1）クロス表の独立性の検定が有意であったことから、定型発達者に比べ、DD者は技能教習、仮免学科試験、卒業検定においてより多くの時間を要する人の比率が高いこと、（2）項目ごとの再履修率を示した表3から、DD者は、技能教習の全ての項目において困難を示すのでなく、再履修が生じやすい教習項目と、そうでない教習項目があるこ

表 4　指導において問題となること

No	指導員	定性的コード（指導において問題となること）	焦点的コード	概念的カテゴリー
1	A, B	視線を動かすことがうまくできない／視野が狭い	運転技能　視野	運転技能　視野
2	D	ピラーで死角ができるが、視線を動かしてみることができない		
3	B	運転中に気になるところが多く集中できない	注意集中　視野	
4	E	大きなトラックなどに視界を奪われる		
5	B	ハンドルと足を同時に動かせない	協調運動	運転技能　操作
6	D			
7	B	運転中に突然速度が落ちる		
8	A	手を放すことができない／手を離した後つかむ所がわからない	複雑な操作	
9	F	S字／クランク（狭路）ができない		
10	B	進路変更の際の一連の動作の理解が難しい		
11	F	運転の感覚がわからない実際のイメージが持てない	運転感覚	運転技能　般化
12	D	周辺環境に合わせて運転ができない		
13	C	難しい内容を続けて実施することが難しい	技能の定着	
14	F	運転技能の定着が遅い		
15	G	一度間違えて覚えると、修正が効かない		
16	E, F	交通の専門用語を理解するのが難しい		
17	A, G	表情がわかりにくく指示が通じているか判断できない	指示に対する反応	指示理解
18	B, E	指示に対し愛想よく反応するが、理解しているかわからない		
19	A, C, D, E, G	指示が伝わらない	指示理解	
20	C, F	運転指導で当たり前な言い回しでも伝わりにくいものがある		
21	C, E	曖昧な表現の理解が苦手		
22	A	不安が強いタイプの人が、失敗することで落ち込む	失敗を恐れる	運転への不安
23	D, F	自信がない、失敗を恐れる		
24	B, E	技能指導中に不安な様子が見られる	不安	
25	C	翌日の検定が気になって眠れない		
26	F	路上運転に不安を感じている		
27	G	安心して運転できていない／意欲が続かない		

との 2 点が明らかになった。

2.「指導員からの聞き取りの分析」

（1）技能教習において問題となること

　「技能教習において問題となること」は、27 の「定性的コード」、10 の「焦点的コード」そして、「運転技能　視野」、「運転技能　操作」、「運転技能　般化」、「指示理解」、「運転への不安」の 5 つの概念的カテゴリーに分類された。各コードと概念的カテゴリーの間の関係性を表 4 に示す。

　第 1 カテゴリーの「運転技能　視野」は「運転技能　視野」、「注意種中　視野」の 2 つの焦点的カテゴリーから導かれた。具体的な内容としては、「視線を動かすことがうまくできない／視野が狭い」、「運転中に気になるところが多く集中できない」など運転中の視線の移動や周辺環境への注意集中に関する内容が含まれている。第 2 カテゴリーの「運転技能　操作」は「協調運動」、「複雑な操作」の 2 つの焦点的カテゴリーから導かれた。具体的な内容としては、「ハンドルと足を同時に動かせない」、「進路変更の際の一連の動作の理解が難しい」などハンドル、アクセルや方向指示などの操作に関する内容が含まれている。第 3 カテゴリーの「運転技能　般化」は「運転感覚」、「技能の定着」の 2 つの焦点的カテゴリーから導かれた。具体的な内容としては、「周辺環境に合わせて運転ができない」、「一度間違えて覚えると、修正が効かない」など、環境に合わせた技能の発揮や運転技能の定着に関する内容が含まれている。第 4 カテゴリーの「指示理解」は「指示に対する反応」、「指示理解」の 2 つの焦点的カテゴリーから導かれた。具体的な内容としては、「指示が伝わらない」、「曖昧な表現の理解が苦手」など、指導員からの指示に対する反応やコミュニケー

表5　問題に対する支援の工夫

No	指導員	定性的コード（問題に対する支援の工夫）	焦点的コード	概念的カテゴリー
1	A,B	見る視点を具体的に指定して、運転しやすい視点をさぐる	具体的な指示	指示方法の変更
7	B	遠くを見るように促して、視界を広くとる練習をする		
12	D	運転中の動作に合わせてキューを入れて、次の行動を気付かせる		
16	E,F	具体的なイメージと結びつくように、具体的な表現に変える		
20	C,F	言い方を変える「右にきる」⇒「右にまわす」など		
21	C,E	具体的な表現を使う「ちょっと」⇒「20cm」「40cm」など		
2	D	死角の確認の仕方について、指導員がやり方を自然に見せる	階層的指示	
8	A	握る所がわかるように目印のついたハンドルの練習を取り入れる		
10	B	言い方や指示方法を変える／数字での言いかえ／ジェスチャー		
19	A,C,D,E,G	イラスト／具体物／言い換え／話量を調節／お手本を見せる		
5	B	狭路の練習を広い場所で行う	足場掛けの支援	指導の焦点化
14	F	練習して上手くなった所で支援を減らし自分でできる感覚をもつ		
6	D	ハンドルの操作練習とブレーキの操作練習を分けて行う	活動の焦点化	
15	G	習得した技能は修正が難しいため焦点化し、最初に丁寧に教える		
4	E	指示が通っているか反応を確認する	行動観察	情報収集／連携
17	A,G	ミラーから表情などを細かく観察する／直接聞く／体の反応を見る		
18	B,E	実際に運転行動をしてもらい、その様子で理解度合いを検討する		
27	G	事前資料から趣味や好きなものなど安心して話せる情報を集める	情報収集	
3	B	行動を確認して、気になっていることを発見し、引継ぎする	連携	
13	C	担当指導員で連携し、次回にひきつぐ		
24	B,E	他の職員から情報を得る／指示方法や指導での言葉を一致させる		
11	F	成功体験からはいることで自信をつけて、繰り返し練習する	成功体験	心理面への配慮
22	A	指示出しや、予告をして必ず成功するように支援する		
23	D,F	失敗してもすぐに指摘せず、うまくいったところでほめる		
26	F	仮免許証は技能と知識を取得できた証明であることを説明する		
9	F	事前に流れを説明して見通しを持たせる	見通しに対する支援	
25	C	事前に内容を説明して見通しを与える		

ションに関する内容が含まれている。第5カテゴリーの「運転への不安」は「失敗を恐れる」、「不安」の2つの焦点的カテゴリーから導かれた。具体的な内容としては、「不安が強いタイプの人が、失敗することで落ち込む」、「安心して運転できていない／意欲が続かない」など、運転に対しての不安に関する内容が含まれている。

（2）問題に対する支援の工夫

「問題に対する支援の工夫」は、27の「定性的コード」、9の「焦点的コード」そして、「指示方法の変更」、「指導の焦点化」、「情報収集・連携」、「心理面への配慮」の4つの概念的カテゴリーに分類された。各コードと概念的カテゴリーの間の関係性を表5に示す。

第1カテゴリーの「指示方法の変更」は「具体的な指示」、「階層的指示」の2つの焦点的カテゴリーから

導かれた。具体的な内容としては、「具体的な表現を使う『ちょっと』⇒『20cm』『40cm』など」、「イラスト／具体物／言い換え／話量を調節／お手本を見せる」など、指導員の指示方法を変えた支援に関する内容が含まれている。第2カテゴリーの「指導の焦点化」は「足場掛けの支援」、「活動の焦点化」の2つの焦点的カテゴリーから導かれ、具体的な内容としては、「ハンドルの操作練習とブレーキの操作練習を分けて行う」、「習得した技能は修正が難しいため焦点化し、最初に丁寧に教える」など指導内容を少なく絞り込むことや、エラーレスラーニングに関する内容が含まれている。第3カテゴリーの「情報収集」は「行動観察」、「情報収集」、「連携」の3つの焦点的カテゴリーから導かれた。具体的な内容としては、「実際に運転してもらい、その様子で理解度合いを検討する」「担当指導員で連携し、次回にひきつぐ」、「他の

46

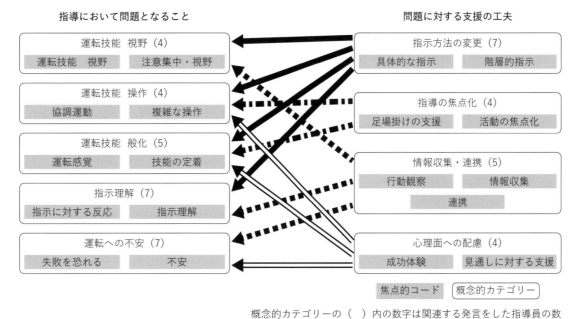

指導において問題となること　　　　　　　　問題に対する支援の工夫

焦点的コード　　概念的カテゴリー

概念的カテゴリーの（　）内の数字は関連する発言をした指導員の数
矢印は問題と支援の工夫の対応関係を表す

図1　概念的カテゴリー同士の関係図

職員から情報を得る／指示方法や指導での言葉を一致させる」など、観察、情報収集や連携に関する内容が含まれている。第 4 カテゴリーの「心理面への配慮」は「成功体験」、「見通しに対する支援」の 2 つの焦点的カテゴリーから導かれた。具体的な内容としては、「成功体験からはいることで自信をつけて、繰り返し練習する」、「事前に流れを説明して見通しを持たせる」など、運転に対する不安への配慮に関する内容が含まれている。

（3）抽出されたカテゴリーの関係を示す概念モデル

　図 1 は概念的カテゴリーとコードの関連性を踏まえて、概念化モデルを形成した。聞き取りの段階で対応関係にあった、「技能教習において問題となること」と、「問題に対する支援の工夫」の項目について、概念的カテゴリーとなった場合の対応関係を示している。

　概念的カテゴリーから伸びている矢印は、「問題」に対して指導員が行った「支援の工夫」の対応関係を示している。例えば、指導員 A は「視線を動かすことがうまくできない／視野が狭い」という「運転技能　視野」への問題意識に対して、「見る視点を具体的に指定して、運転しやすい視点をさぐる」という「指示方法の変更」で対応していることを示している）

　「技能教習において問題となること」と「問題に対する支援の工夫」の関係性は 1 対 1 の関係ではなく、少なくとも 2 つ以上の概念的カテゴリーとの関連性が

示された。「指示方法の変更」が「技能教習において問題となること」の 4 つの概念的カテゴリーと関連が見られた。

（4）TD 群の技能教習について

　指導員 A・D の 2 名に対して、TD 群の「技能教習において問題となること」と「問題に対する支援の工夫」を聞き取った。指導員ごとに要約を記載する。

　指導員 A・D（共通）；TD 群であっても技能教習で問題となるところは「狭路の走行」や「卒業検定」などで DD 群と変わらない。また、TD 群の中にも DD 群に似た特徴の人がおり取得に時間がかかることがある。

　指導員 A；TD 群では、事前情報が少ないため、困難な事例になった場合に対応が遅れることがあるため、気が付いたところで、コーディネーターと相談する。

　指導員 D；TD 群であっても、不安が強い人や不器用な人は少なくない。基本的には成功体験を積むように進めるのは DD 群と変わらない。

　指導員の聞き取りからは、（1）指導員が認知する DD 者の「技能教習において問題となること」は、「運転技能　視野」、「運転技能　操作」、「運転技能　般化」、などの運転技能自体に関するものと、「指示理解」、「運転への不安」を合わせた、5 つの概念的カテゴリーに分類されたこと（2）指導員の「問題に対する支援の工夫」では、運転技能そのものに対応するこ

47

とと併せて、「指示方法の変更」、「情報収集　連携」「心理面への配慮」などで対応していること、(3)「技能教習において問題となること」と「問題に対する支援の工夫」の関係性は1対1の関係ではなく、少なくとも2つ以上の概念的カテゴリーとの関連性が示された。(4) TD群であっても技能教習で問題となるところは「狭路の走行」や「卒業検定」などでDD群と共通することの3点が明らかになった。

Ⅳ．考　察

本研究の目的は、DD者が運転免許取得の際に抱える困難さを把握し必要とされる支援を探索的に検討することであった。

1.「教習データの分析」

修了検定においてはTD群もDD群と同様に再試検率が高かったため差が見られなかったが、卒業検定においてDD群とTD群に差があった。DD者が、学んだ技能を新規の別場面へと応用することに困難を覚えることは運転免許取得場面においても報告されている（Almberg, 2017; Lindsay, 2017）。卒業検定では、学んだ技能を実際の路上で実践しなければならないため、DD者にとって難易度が高くなると考えられる。また、項目ごとの分析では1段階・2段階ともに「みきわめ」において再履修が高くなっていることも、みきわめの項目では一度学んだ内容を一定の時間を置いて別の場面で応用しなければならないことが多く、DD者の再履修率が高まったと考えられる。

技能教習において困難が見られるといった結果は、ASDやADHDなどのDD者の多くはDCDを併存している（American Psychiatric Association, 2013）ため、その不器用さから、教習においても苦戦するとした知見と一致している（Kirby et al., 2011）。また、教習項目ごとの分析において再履修の発生が高かった「狭路の走行」であるが、これもASDやADHDと併存するDCDによる不器用さの影響が大きいと考える。de Oliveira & Wann（2012）が行ったシミュレーターによる研究で、DCD者は直線道路の運転に関しては統制群との差は見られなかったが、カーブでは差が見られ苦手さがあることを報告している。「狭路の走行」はS字カーブとクランクであり、カーブにおけるハンドル操作が影響していると考えられる。

2.「指導員からの聞き取りの分析」

指導員の挙げた「技能教習において問題となること」から抽出された概念カテゴリーで、「運転技能　操作」と「運転技能　般化」が上がったことは、教習データの分析の結果とも整合的で、DCDの影響があると考えられる。「運転技能　視野」については、DD者は、視覚操作の苦手さが指摘されており（Chee et al., 2017; de Oliveira & Wann, 2012; Jerome et al., 2006）指導員も同様の問題があることを認識していることが示されていると考える。「指示理解」については、Tコース参加者の過半数がASD者であり、その特性である社会コミュニケーションの障害が技能教習に影響している可能性が示されている。「運転への不安」が挙げられたことについては、DD者は、過去に失敗体験を重ね、自尊心や自己肯定感が低くなるなどの二次障害の問題が指摘されており（Lindsay, 2017; 本郷, 2019）、指導員はまずDD者が抱える自信のなさや不安に対応する必要性を感じていることが示唆された。

指導員の「問題に対する支援の工夫」及び図1で示された概念図では、DD者の運転における問題に対して「指示方法の変更」が複数の領域にまたがっているが、これは、「指示理解」と同様にサンプルの過半数がASD者であることが要因であると考えられる。ASD者の教習では、社会性の障害が指導員への誤解を生み、コミュニケーション不足につながる可能性が指摘されているが（Tyler, 2013）、本研究の結果もASD者の障害特性である、「社会的コミュニケーションおよび対人的相互反応の障害」の問題が運転免許取得における課題の一つであることを示唆している。

3．課題とまとめ

最後に本研究の課題および実践への示唆を述べる。

本研究の課題の1点目は、支援の有効性についての検討ができていない点である。本稿では教習データの分析および指導員への聞き取りによって運転免許取得において求められる支援を検討した。A自動車教習所のDD者向けのコースで行われている具体的な支援が、運転免許取得の困難を実際にどの程度軽減しているのかについては、今後実証的に検討していくことが求められるだろう。

課題の2点目は、DD者本人が感じる主観的な困難さが検討されていない点である。本研究では、教習データと指導員への聞き取りからDD者の運転免許取得における困難さの検討を行ったが、それらが実際に

DD 者にとって、どのような困難として経験されているかは、当事者を対象とした調査を通じて別途検討する必要があるだろう。

　課題の3点目は、障害種ごとの検討ができていない点である。今回の調査対象者では SLD 者、ADHD 者が少なく、障害種ごとの教習データの分析はできなかった。今後、より大きなサンプルを含む研究を行い、障害ごとで抱える困難の違いを明らかにすることで、DD 者の運転免許取得に際して必要な支援を明らかにすることができるだろう。

　「教習データの分析」と「指導員からの聞き取りの分析」のいずれの結果からも、DD 者の運転免許取得において、運転技能的側面を追加で援助する必要があることが示唆される。特に、データ分析と聞き取り調査の両方で課題として挙げられた「不器用さ」や「般化」については、ASD や ADHD 者に多く併存するDCD の特性に合わせた重点的な支援が必要である。また、ASD 者の支援の際には、聞き取りの分析で明らかになったようにコミュニケーション面や不安に対して支援することが求められるなど、DD 者それぞれの特性に応じた配慮の必要性が示唆されていると考える。

〈文　献〉

American Psychiatric Association (2013) Diagnostic and Statistical Manual of Mental Disorders (5th ed.). American Psychiatric Association. (高橋三郎・大野　裕監訳 (2014) DSM-5　精神疾患の診断・統計マニュアル. 医学書院.)

Almberg, M., Selander, H., Falkmer, M. et al. (2017) Experiences of facilitators or barriers in driving education from learner and novice drivers with ADHD or ASD and their drivinginstructors. Developmental Neurorehabilitation, 20(2),59-67.

Chee, D. Y., Lee, H. C., Patomella, A. H., & Falkmer, T. (2017) Driving behaviour profile of drivers with autism spectrum disorder (ASD). Journal of Autism and Developmental Disorders, 47(9), 2658-2670.

de Oliveira, R. F. & Wann, J. P. (2012) Driving skills of young adults with developmental coordination disorder: Maintaining control and avoiding hazards. Human Movement Science, 31(3), 721-729.

本郷一夫 (2019) 発達性協調運動障害の理解と支援の方向性. 辻井正次・宮原資英 (監修) 発達性協調運動障害 [DCD] ―不器用さのある子どもの理解と支援. 金子書房.

Jerome, L., Alvin, S., & Habinski, L. (2006) What we know about ADHD and driving risk: A literature review, meta-analysis and critique. Journal of the Canadian Academy of Child and Adolescent Psychiatry, 15, 105-125.

Kirby, A., Sugden, D., & Edwards, L. (2011) Driving behaviour in young adults with developmental co-ordination disorder. Journal of Adult Development, 18(3), 122-129.

栗村健一 (2015) 発達障害のある方の自動車運転免許取得支援. 作業療法ジャーナル, 49(2),106-110.

Lindsay, S. (2017) Systematic review of factors affecting driving and motor vehicle transportation among people with autism spectrum disorder. Disability and Rehabilitation, 39(9), 837-846.

佐藤郁哉 (2008) 質的データ分析法―原理・方法・実践. 新曜社.

竹澤愛美・水内豊和・梅永雄二 (2018) 発達障害者の運転免許教習における合理的配慮のあり方. LD学会第27回大会論文集.

Tyler, S. (2013) Asperger's syndrome: The implications for driver training methods and road safety. Journal of the Australasian College of Road Safety, 24(1), 55-63.

The Japanese Journal of Autistic Spectrum 2021, Vol.18-2, 51-59

資料

特別支援学校教員による自閉スペクトラム症のある児童生徒の行動問題への対応・及び支援計画の作成と実行に関する実態調査
——現状の対応と単発的な教員研修の効果——

Survey of special needs school teachers on dealing with behavioral problems and devloping support plans for students with autism spectrum disorder

高津　梓（筑波大学附属大塚特別支援学校／筑波大学大学院人間総合科学研究科）
Azusa Takatsu（*Special Needs Education School for the Mentally Challenged at Otsuka, University of Tsukuba / Graduate School of Comprehensive Human Sciences, University of Tsukuba*）

柘植　雅義（筑波大学人間系）
Masayoshi Tsuge（*Faculty of Human Sciences, University of Tsukuba*）

■**要旨**：ASD を伴う知的障害のある児童生徒の行動問題に対し、特別支援学校の教員の専門性の向上が求められているなか、行動分析学に基づく行動支援計画の作成は有効な方略の１つであり、それに基づくさまざまな教員研修が試みられてきた。本研究では、特別支援学校で担任をする教員に対して質問紙調査を行い、児童生徒が示す行動問題に対する教員の意識と対応、及び支援計画の作成と実行に関する単発的な教員研修の効果と課題も含めた検討を目的とした。3校の教員（249名）に質問紙調査を行い、167件の回答（回収率67.1％）から、児童生徒の行動問題やその対応、支援計画の作成と実行についての実態を分析した。さらに、内２校で３時間の単発的な研修とその５カ月後に質問紙調査２を行い（回答者25名）、研修後の支援計画の作成と実行状況の変化について分析した。結果、回答者の８割が調査のX－1年後からX年に行動問題への対応を経験するなか、その支援計画の作成は50％であり、支援を具体的に計画し実行することや記録を取ることの困難さが明らかになった。また、単発的な研修後、支援計画の作成状況に若干の改善がみられたが、実行や記録についての大きな効果は認められなかった。これらについては、単発的な研修で可能となる部分もあるが、さらに実行や継続に結びつけるためには、1人1人の教員の実情に応じた段階的な手だてが必要となると考える。

■**キーワード**：行動問題、支援計画、教員研修、知的障害特別支援学校、自閉スペクトラム症（ASD）

Ⅰ. 問題の所在と目的

特別支援教育では、児童生徒の抱える多様な課題に対し、教員1人1人が対応できる力を高め、チームとして組織的に対応することが求められる（文部科学省中央教育審議会，2018）とされ、教員研修のニーズが高まっている。一方で、知的障害特別支援学校（以下、特別支援学校と略す）では、自傷や他害、破壊行為といった行動問題を示す児童生徒の数は少なくない。現在、文部科学省（2019）の問題行動等の調査では、特別支援学校はいじめのみの調査にとど

まり、暴力行為等の項目は対象となっていないが、過去の調査によれば、東京都立特別支援学校11校の児童生徒602名を対象とした小笠原・守屋（2005）では55.4％、都立19校の児童生徒2,585名を対象とした小笠原ら（2015）では71.6％の児童生徒が行動問題を示していると報告された。それらにより学習活動が阻害されており、支援方法の多くは対症療法的な対応であるという課題があった（霜田他，2006）。

現在、特別支援学校では、児童生徒の学習への参加や知識・技能の向上を目指し、児童生徒1人1人に対し個別の教育支援計画及び個別の指導計画が作成されている（文部科学省，2009）。関連して、応用行動分

析学に基づき、環境の修正等の支援を計画する「行動支援計画」を作成した実践に関する報告がみられる（岡本，2017）。霜田ら（2006）の調査では、96.5％の学校で個別の指導計画が作成され、自立活動等における支援の設定が示されたが、具体的な支援方法の記載については明らかにされておらず、また、特別支援学校における行動支援計画の作成割合についての調査は見当たらない。

行動支援計画の作成と実行に関する特別支援学校の教員を対象とした研修の成果について、大学等での研修講座での試み（加藤・小笠原，2017；平澤，2008）が報告されている。これらは一定の成果を上げているが、教員が研修を受けたのちに学校現場に戻り実行するにあたって、作成や実行の段階でそれぞれ躓きが起こったり、同僚との協働に困難があったりと、実践に結び付かない場合もある（髙津他，2019；平澤，2008）。この課題については、校内でチームとして研修を受けることで、共に課題解決に向かえるのではないかと考えられる。しかしながら、特別支援教育に関する研修については、予算や校務の多忙化等の課題から、研修機会の提供が困難になりつつあり（左藤他，2016）、専門家講師を招いた校内研修は、年に数回、2～3時間程度で行う単発的なものが多い。また、その単発的な研修について、行動問題への支援計画（以下、行動支援計画のほか、個別の教育支援計画や個別の指導計画の内行動問題に対する支援の計画を総称し「支援計画」と略す）の、作成や実行にどの程度効果があり、どのような課題が残るのか、その効果測定についての調査は見当たらない。

今後に向けた効果的な研修システムの構築も含めて、本研究では実態調査として以下の2点の分析を目的とした。①特別支援学校において児童生徒が示す行動問題への教員の意識と対応、支援計画の作成と実行について調査を行い、その実態と課題を明らかにする。その上で、②行動問題に対する支援計画の作成実行に関する単発的な校内研修会と事後調査を行い、単発的な研修を実施しても残る作成実行上の課題を明らかにし、より効果的な研修内容を考察する。

Ⅱ．方　法

1．行動問題への教員の意識、対応に関する実態調査

（1）調査対象及び手続き

X年7月、特別支援学校における児童生徒が示す行動問題への教員の支援の意識と対応の実態に関する質問紙調査を実施した。回答は無記名とし、個人の特定ができないようにした。対象校は、特別支援教育に関する研修会で協力を依頼し、表明のあった公立学校から、東海地方a県のA校、関東地方b県のB校とc県のC校を選定した。A、C校は小・中学部・高等部、B校は小・中学部が設置されている。A校109名、B校37名、C校103名の計249名の教員に配布し、A校64件（回収率58.7％）、B校29件（回収率78.4％）、C校74件（回収率71.8％）の、計167件（回収率67％）の回答を得た。

（2）質問紙の作成

質問項目は、回答する教員のプロフィール、前年度または現在担当している児童生徒の行動問題の実態とその指導について、行動問題に対する個別の教育支援計画や個別の指導計画への具体的な支援計画の記載または行動支援計画の作成（以下、支援計画の作成と略す）と実行（以下、支援計画の実行と略す）、作成と実行の困難要因についての質問項目で構成した。質問項目は、「教員が感じる困難さ」と「指導方法」「特別・専門的な指導技法」については霜田ら（2006）の項目を用い、「支援計画の実行状況」については研修の項目に合わせて髙津ら（2019）を参考に案を作成した。その上で、予備調査及び妥当性の検討として特別支援学校教員4名から質問紙への回答方法や項目の追加や修正等の助言を受けて修正し、特別支援教育を専門とする大学教員と特別支援学校の現職教諭である博士課程の学生の2名で質問項目や調査方法等について再度検討した。

（3）質問項目と分析方法

①児童生徒の行動問題についての教員の意識

質問紙調査への回答があった者に、担当した児童生徒の行動問題の有無を尋ね、「あり」の場合は該当する児童生徒を一人挙げてもらい、学年、障害種、行動の種類と生起頻度、その行動問題により教員が感じる困難さについて質問した。行動の種類については、自傷（頭や頬等自分の体を叩く・つねる、抜毛、爪はがし等）、他害（他者を叩く・蹴る・つねる・髪引きする、ものを投げつける、暴言等）、破壊行為（物を壊す等、物を叩く・蹴る・投げる・倒す等も含める）、その他（奇声、飛び出し等）に分けて回答を得た。

これらの行動問題の有無に関する回答をA、B、C校ごとに分けた上で、「あり」として挙げられた児童生徒の割合（％）を算出した。また、行動問題の種類及び生起頻度の割合（％）を算出した。行動の種類に

表 1　教員が感じる対応の困難さ

	計 (*n*＝145)	ASD の有無		χ^2 値
		あり (*n*＝93)	なし (*n*＝52)	
教員の人手がその児童生徒のためにとられる	93 (64.1)	61 (65.9)	32 (61.5)	0.24 *n.s.*
他人の身体を傷つける	93 (64.1)	58 (62.4)	35 (67.3)	0.35 *n.s.*
周囲の者に動揺や恐怖を与える	73 (50.3)	53 (57.0)	20 (38.5)	4.58 *
活動への参加が制限される	72 (49.7)	51 (54.8)	21 (40.4)	2.79 *n.s.*
自らの身体を傷つける（健康を害する）	65 (44.8)	43 (46.2)	22 (42.3)	0.21 *n.s.*
周囲の生徒が落ちつかなくなる	62 (42.8)	49 (52.7)	13 (25.0)	10.45 **
物を破壊する（物を叩く、蹴る、投げる、倒す等も含め）	57 (39.3)	35 (37.6)	22 (42.3)	0.31 *n.s.*
周囲の者が同じような行動をする	15 (10.3)	9 (9.7)	6 (11.5)	0.12 *n.s.*
その他	4 (2.8)	4 (4.3)	0 (0.0)	2.30 *n.s.*

n.s.：非有意　*：*p*＜.05　**：*p*＜.01
（　）は回答人数による割合（回答度数／回答人数*100）。

表 2　最も指導効果があったと感じられる指導方法

	計 (*n*＝143)	ASD の有無		χ^2 値
		あり (*n*＝92)	なし (*n*＝51)	
教員による個別対応	90 (62.9)	54 (<u>58.7</u>)	36 (<u>70.6</u>)	1.99 *n.s.*
興味関心に基づく教材の準備	65 (45.5)	37 (<u>40.2</u>)	28 (<u>54.9</u>)	2.85 *n.s.*
スケジュールの固定や視覚化	57 (39.9)	33 (<u>35.9</u>)	24 (<u>47.1</u>)	1.71 *n.s.*
学習環境の物理的な構造化	24 (16.8)	15 (16.3)	9 (17.6)	0.04 *n.s.*
個別スケジュールの提示	19 (13.3)	13 (14.1)	6 (11.8)	0.16 *n.s.*
学習課題・作業課題の構造化	15 (10.5)	11 (12.0)	4 (7.8)	0.59 *n.s.*

n.s.：非有意　*：*p*＜.05　**：*p*＜.01
（　）は回答人数による割合（回答度数／回答人数*100）。下線は最も高い値から 3 番目までを示す。

関しては、複数回答があったため、回答度数を回答者数で除した割合とした。さらに、知的障害の程度と併せ持つ障害とのクロス集計を行った。行動問題により教員が感じる困難さについて、児童生徒の障害種の回答をもとに自閉スペクトラム症（以下、ASD と略す）の有無で分け、各項目の回答度数の割合（％）を算出した（表 1）。さらに、ASD の有無との間で有意差の検定を行った（χ^2 検定）。

②児童生徒の抱える行動問題への対応

　上記の「あり」と回答した者の内、行動問題の改善に向けた支援を検討していると回答した 143 名を対象に、その他を含む 12 の選択肢から最も指導効果があったと感じられる指導方法（3 つまでの制限回答、表 2）、その他を含む 22 の選択肢から特別・専門的な指導技法の実施状況（複数回答、表 3）を尋ね、さらに ASD の有無との間でクロス集計、χ^2 検定による有意差の検定を行った。

③行動問題に対する支援計画の作成と実行

　先の②で行動問題への支援を検討していると回答した教員 143 名を対象に、支援計画の作成状況として、②の指導方法や指導技法を、個別の教育支援計画または個別の指導計画の手だてに具体的に記載したか、応用行動分析学に基づく問題行動の事前事後の環境の変化の分析から立案する行動支援計画を作成したかについて質問し、各回答の割合（％）を算出した（図 1）。

　さらに、「作成している」と回答した 72 名（50.3％）を対象に、支援計画の実行状況についての 17 項目に 5 件法で回答を得た後、「とてもあてはまる」「ややあてはまる」の回答を合算したものを全回答数で除し 100 を乗じることで、「実行できた」と評価された回答の割合（％）を算出した。同様に、「ややあてはまらない」「あてはまらない」を合算した回答数を用いて、「実行できなかった」と評価された回答の割合（％）を算出した（図 2）。

④実行に困難があった場合の原因

　「支援計画の実行において困難があった」の設問に「あてはまる」と回答した 20 名を対象に、その原因として考えられるものとして、「他教員との意見の食い

表3　特別・専門的な指導技法の実施状況

	計	ASD の有無		χ^2 値	
	(n = 143)	あり (n = 92)	なし (n = 51)		
AAC（絵カード、VOCA 等）	31 (21.7)	23 (<u>25.0</u>)	8 (<u>15.7</u>)	1.68	*n.s.*
ICT（タブレット機器等）	26 (18.2)	16 (17.4)	10 (<u>19.6</u>)	0.11	*n.s.*
TEACCH プログラム	24 (16.8)	18 (19.6)	6 (11.8)	1.43	*n.s.*
応用行動分析	24 (16.8)	21 (<u>22.8</u>)	3 (5.9)	6.74	**
J-sKep アプローチ	21 (14.7)	17 (18.5)	4 (7.8)	2.96	*n.s.*
PECS	16 (11.2)	14 (15.2)	2 (3.9)	4.21	*
なし	45 (31.5)	25 (<u>27.2</u>)	20 (<u>39.2</u>)	2.21	*n.s.*

n.s.：非有意　＊：$p<.05$　＊＊：$p<.01$

（　）は回答人数による割合（回答度数／回答人数＊100）。下線は最も高い値から3番目までを示す。

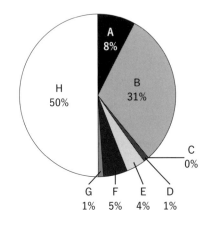

A	個別の教育支援計画／個別の指導計画／行動支援計画
B	個別の教育支援計画／個別の指導計画
C	個別の教育支援計画／行動支援計画
D	個別の指導計画／行動支援計画
E	個別の教育支援計画
F	個別の指導計画
G	行動支援計画
H	なし

図1　行動問題に対する支援計画の作成状況

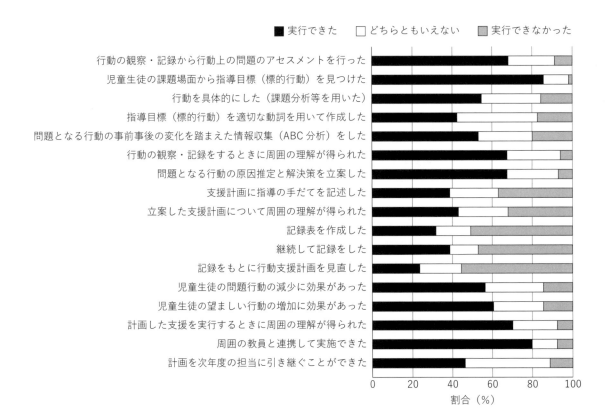

図2　支援計画の作成及び実行状況に関する評価の割合

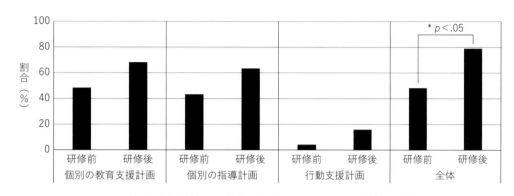

図 3　行動問題に関する支援計画の作成についての研修前後の比較

違い」「集団指導のプログラムとの調整」等の 6 項目
へ、同じく 5 件法と、自由記述で回答を得た。「とて
もあてはまる」「ややあてはまる」を合算した回答数
を用いて「困難があった」と評価した回答の割合（%）
を算出した。

2．単発的な校内研修会の成果と課題に関する調査

（1）調査対象及び手続き

　前述の実態調査を行った内、A、B 校を対象とした。
行動支援計画の作成に関する 3 時間の研修の後、参加
者の内担任として指導を行っている A 校 36 名、B 校
4 名に質問紙調査を行った。研修実施前の調査データ
として、先の実態調査の回答を使用し、A 校 33 件、
B 校 4 件の計 37 件（回収率 97%）の回答を得た。こ
の調査の対象となる教員分の回答は、予め研修会の開
始前に回収し、参加者以外の教員分と区別しておい
た。研修後の調査として質問紙 2 を作成し、研修 5 カ
月後となる X 年 12 月（A 校）、X＋1 年 1 月（B 校）
に実施し、A 校 25 件、B 校 3 件の計 28 件（回収率
70%）の回答を得た。研修前後の 2 種類の質問紙を、
教員経験、年齢で照合し、照合できなかった先の実態
調査の 9 件と質問紙 2 の 3 件を除いた各 25 件（有効
回答率 62.5%）を分析対象とした。

（2）研修プログラムの概要

　研修は X 年 7 月下旬（A 校）、8 月中旬（B 校）に、
任意参加の校内研修として実施した。大学院において
応用行動分析学を専門に学んだ特別支援学校教員 1 名
（第一筆者）が講師となり、講義、演習の際の進行、
参加者への助言を行った。髙津ら（2019）を参照し、
小演習及び事例紹介を含む講義 85 分、演習 90 分、質
疑 5 分で構成された。この内、講義では、児童生徒の
行動問題のとらえ方、機能的アセスメントに基づく支
援の概要、文脈適合性の検討、記録方法と記録に基づ

く支援の見直しについて解説した。小演習では、行動
の定義や具体的な記述、標的行動の選定、課題分析や
抽象的な課題設定を具体化する演習を取り入れた講義
を行った。演習では、架空事例の支援計画を立てるこ
とを目的とし、児童の動画を見ながら、標的行動の
ABC 分析を行った。ABC 分析をもとに、行動問題を
減らし、望ましい行動を増やすための先行条件の操
作、行動形成のための指導、結果条件の操作から支援
計画を作成した。また、その際に平澤（2010）の支援
シートを活用した。小演習と演習は 5 〜 6 名程度の小
グループに分かれ、話し合いながら進めていく設定で
実施し、講師は机間巡視しながら、個々の記入状況に
ついて確認したり質問に応じたりした。

（3）質問紙 2 の作成と質問項目

　質問紙 2 は、先の実態調査から「教員のプロフィー
ル」「担当している知的障害のある児童生徒の行動問
題」「支援計画の作成と実行」「実行に困難があった場
合の原因」を抜粋し構成したものである。先の実態調
査と同様の手続きで予備調査及び妥当性の検討を行っ
た。

（4）分析方法

　有効回答 25 名の回答を研修前後で対照した後、行
動問題を示す児童生徒を担当した経験があると回答し
た教員（研修前 23 名、研修後 19 名）を対象に、支援
計画の作成に関する回答を集計し、研修前後の変化を
分析し、χ^2 検定による有意差の検討を行った（図 3）。
さらに、支援計画を作成していると回答した教員（研
修前 11 名、研修後 14 名）を対象に、支援計画の実行
状況の 16 項目について、先の実態調査と同様に 5 件
法で回答を得た後、「とてもあてはまる」「ややあては
まる」の回答を合算したものを「実行できた」、「やや
あてはまらない」「あてはまらない」の合計を「実行
できなかった」と評価された回答とし、研修前後の実

行状況を比較した（図4）。さらに、研修前後ともに「作成した」と回答した9名の研修前後の実行状況を対照し比較した。

3. 倫理的配慮

本研究は、筑波大学人間系研究倫理委員会の承認を得て行った。協力校の校長に書面と口頭で意図と実施内容を説明し承諾を得た。質問紙調査への協力については回答者の自由意思とし、目的や方法、結果の処理について文書を用いて説明し、調査用紙への記入及び返信、回収をもって同意とすることを伝え実施した。

Ⅲ. 結　果

1. 行動問題への教員の意識、対応に関する実態

(1) 児童生徒の行動問題についての教員の意識

本調査の2年間で行動問題のある児童生徒を担当した経験について、86.8%（A校89.0%、B校79.3%、C校87.8%）が「あり」と回答し、併せ有する障害種では「自閉スペクトラム症」（64.6%）、知的障害の程度では「重度」（51.0%）の回答が最も多く、重度の知的障害を伴うASDの児童生徒は全体の33.3%を占めていた。行動問題の種類は、「他害」（82.8%）が最も多く、「自傷」は58.6%、「破壊行為」は48.3%であり、複数回答した者が多かった。生起頻度は、毎日が50.7%、週一回以上が32.3%、週一回以下が7.8%と、半数以上が毎日生起していたと回答した。

教員が感じる対応の困難さは多岐にわたっていたが、「人手がとられる」「他人の体に傷をつける」（共に64.1%）が最も高く、「周囲の者に動揺や恐怖を与える」（$p<.05$）、「周囲の生徒が落ちつかなくなる」（$p<.01$）は、ASDのある児童生徒の方がそうでないものに比べ、困難差は有意に高かった（表1）。

(2) 児童生徒の抱える行動問題への指導

効果があったと感じられる指導方法について、回答の多いもの5件を表2に示した。ASDの有無との間に有意差は認められず、「教員による個別対応」「興味関心に基づく教材の準備」「スケジュールの固定や視覚化」の3項目の割合（%）が高く、学校間に大きな違いはなかった。「教員による個別対応」が62.9%で最も高いが、その内、前述の対応の困難さの質問に「教員の人手がとられる」と回答した教員は64.4%を占めた。

特別・専門的な指導技法の実施状況について、回

答の多いもの7件を表3に示した。全体では「なし」が31.5%と最も高く、次が「AAC」（21.7%）であった。「応用行動分析」の割合はASDのある児童生徒の22.8%にすぎないが、そうでないものに比べると有意に高い結果になった（$p<.01$）。この設問では、一番高い項目が各校で異なり、A校は「J-sKepアプローチ」（37.5%）が高く、B校は「太田ステージ」（56.5%）が高く、どちらの学校の教員からも研修が開催され用いられていると伺った。一方、C校は42.2%が「なし」と回答した。特に「なし」と回答した教員の70.0%は、効果があったと感じられる指導方法の設問で「教員による個別対応」を選択していた。

(3) 行動問題に対する支援計画の作成と実行

行動問題に対する支援計画の作成の割合（%）では、個別の教育支援計画または個別の指導計画への具体的な支援方法の記載は49%、行動支援計画の別途作成は10%であった。全体で、50%が何らかの支援計画を作成し、50%はいずれも作成していなかった（図1）。

また、支援計画を作成したという回答の内、その実行状況の評価を図2に示した。「実行できた」と評価された割合が最も高かったのは、「児童生徒の課題場面から指導目標を見つけた」（85.7%）、次に「周囲の教員と連携して実行できた」（79.4%）、「計画した支援を実行するときに周囲の理解が得られた」（70.2%）であった。以降、「行動の観察・記録から行動問題のアセスメントを行った」（68.1%）、「行動の観察・記録をするときに周囲の理解が得られた」（67.1%）、「問題となる行動の原因推定と解決策を立案した」（67.1%）が比較的高い一方、「実行できなかった」と評価された割合が最も高いのは、「記録をもとに行動支援計画を見直した」（55.9%）、次に「記録表を作成した」（50.8%）、「継続して記録をした」（47.1%）であった。

(4) 実行に困難があった場合の原因

困難があったと評価された割合が高いのは、「記録の継続が困難」（68.0%）、「望ましい変容がない」（44.0%）、「手続きが明確でない」（36.0%）であった。

2. 単発的な校内研修会の成果と課題

行動問題を示す児童生徒を担当した経験が「あり」と回答した内、研修前後の支援計画の作成割合（%）を図3に示した。いずれかの支援計画を作成したと回答した割合は研修後に31.1%増加し、χ^2検定で有意差が認められた（$p<.05$）。それぞれ、個別の教育

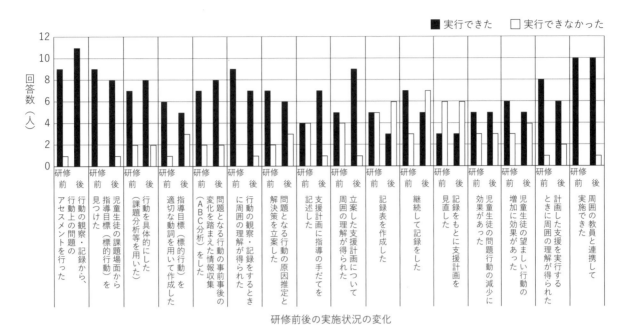

図4　支援計画の作成及び実行状況についての研修前後の変化

支援計画が20.6％、個別の指導計画が19.7％、行動支援計画が11.4％上昇したが、有意差は認められなかった。

　支援計画を作成したという回答の内、その実行状況について、研修前後の回答数の変化を図4に示した。「実行できた」の回答数は、「立案した支援計画について周囲の理解が得られた」が1番大きく増加し、次に「支援計画に指導の手だてを記述した」となった。この2項目は「実行できなかった」の回答も減少している。しかしながら、「記録表を作成した」「継続して記録をした」については「実行できた」の回答が減少し、「実行できなかった」の回答が増加した。また、「行動の観察・記録をするときに周囲の理解が得られた」「計画した支援を実行するときに周囲の理解が得られた」「望ましい行動の増加に効果があった」は「実行できた」の回答が減少し、「行動問題の減少に効果があった」は変化がなかった。さらに、研修前後のどちらも作成したと回答した9名の回答を対照したところ、全員がそれぞれ同じ児童生徒を対象として挙げていた。「支援計画に指導の手だてを記述した」「立案した支援計画について周囲の理解が得られた」は、研修前に「どちらでもない」「実行できなかった」と選択した内の4名が「実行できた」と選択した。一方で、研修前に「実行できた」と選択した項目について、全員が3項目以上、研修後に「どちらでもない」「実行できなかった」と選択し、内3名は8項目以上

選択した。最も多かった項目は、各5名が回答した「児童生徒の課題場面から指導目標を見つけた」「行動を具体的にした」「行動の観察・記録をするときに周囲の理解が得られた」「計画した支援を実行するときに周囲の理解が得られた」であった。

　実行が困難であったと回答したのは2名であり、自由記述から「教員の年齢差」「共有する時間の不足」「家庭との共有が難しい」が原因として挙げられた。

Ⅳ．考　察

1．行動問題への教員の意識、対応に関する実態

　本調査では、3校共に8割前後が行動問題のある児童生徒を最近担任したと回答した。この内、他害（82.8％）や自傷（58.6％）等の行動について、半数が毎日あると回答し、激しい動きを伴う問題が多く生起していた。また、行動問題「あり」と挙げられたのは、ASDを有する児童生徒が圧倒的に多く、知的障害の程度の重度の者が多かった。教員の感じる困難さについては複数の項目に回答した教員が多く、平均として一人3.7項目の回答があった。具体的には、「人手がとられる」といった教員自身が制限を感じる状況や、安全面についての困難さであった。ASDのある児童生徒については、「周囲の者に動揺や恐怖を与える」「周囲が落ちつかなくなる」という回答の割合が

有意に高かった。井上ら（2012）によれば、自傷や他害等の行動問題をもつ強度行動障害の評価について、ASD が重篤であるほど行動障害のリスクが高まり、行動問題の強度が高くなる傾向がある。そのため、本研究の回答からも、他児への影響が大きいと推察された（表 1）。

専門的な指導技法の実施状況については、各校の地域性が出た項目とみられるが、実施していないとの回答も 31.5％あった（表 3）。指導効果を感じる方法として「教員による個別対応」の回答の割合が大きいことと関連して（表 2）、専門的な技法を持たずに個別対応を行う教員も少なくなく、効果を感じる反面で人手の課題と感じている様子が推測できる。行動問題に対する指導方法や指導技法に関する回答はあっても、支援計画に具体的に記述しているとの回答が半数に満たず（図 1）、行動問題に対する支援計画の作成や文書での共有化ができていない。また、作成した場合でも、課題を挙げられても目標が具体的でない、手だての記述や記録ができていないという評価が多かった（図 2）。このことから、現在においても、行動問題への教員の対応の困難さが顕在化しているなかで、その対応についてさまざまな方法を検討はしているものの、支援計画として具体的に記述するスキルは定着しておらず、その場での経験的な対応に終始してしまう傾向があると考えられる。

2. 単発的な校内研修会の成果と課題

本研究における単発的な校内研修会では、参加者が数人のグループ討議を行い、架空事例の行動支援計画を作成できた。しかしながら研修後の調査では、支援計画の作成は増加したが、この内「行動支援計画」についてはわずかに増加したのみであった（図 3）。

支援計画の作成と実行状況についての研修前後の評価では、事前調査（図 2）においては低かった「手だての記述」「支援計画についての周囲の理解」は大きく上昇した（図 4）。また、「アセスメント」「行動の具体化」「ABC 分析」等に若干の上昇が見られた。一方で「記録」に関する 3 項目は事前の調査でも「実行できなかった」の割合が多く（図 2）、研修後も「実行できなかった」の回答が多い（図 4）。本研究の単発的な研修プログラムでは、アセスメントから手だての記述に関する演習を重点に置き実施したことで、支援計画の作成や手だての記述に関する効果が得られたが、記録や記録に基づく見直しに対しては簡単な講義のみであったため、実行に関する評価は低いまま

あったと考える。また、支援計画の作成は増加した（図 3）一方で、児童生徒の行動改善に結び付いていないという結果となった（図 4）。これについて、手だてを記述したものの、記録や記録に基づく見直しを実行できず、支援計画自体の評価やそれに基づく改善に至らなかったためではないかと考える。

特別支援学校教員を対象とした行動支援計画の研修に関する過去の調査（加藤・小笠原，2017）では、行動の記録や計画の見直しや修正、具体的な計画の立案、他の教員の理解や協力体制での困難さが挙げられ、本研究においても類似した結果となった。他教員との協力体制については、研修前後の調査共に「周囲の教員との連携」についての評価が高く（図 2、図 4）、実行が困難であった理由に学校体制や協働面を挙げる教員がいなかったことから、既に教員同士が連携しやすい学校であったといえよう。しかしながら、観察・記録や支援実行時の「周囲の理解」については、事前調査（図 2）では評価が高かったが、研修後にやや低くなり（図 3）、その多くは研修前から支援計画を作成していた教員であった。一方で立案した支援計画についての「周囲の理解」の評価は、研修前から作成していた教員も含めて高くなった。研修後の他教員との連携において、作成した支援計画への理解は得られる一方、詳細な情報収集や記録、支援計画に記載された手だてに沿った支援を、実際に共有し行う段階で困難さがあったと考えられる。実際の場面で他教員と共に行える記録や情報収集の方法や、具体的な支援手続きの設定とその伝え方についても、研修プログラムとして重視する必要がある。

加藤・小笠原（2017）は、大学が行った研修プログラムに自主的に参加した教員を対象としており、無作為抽出された対象による調査が課題として挙げられていた。本研究は校内研修として実施したため、単発的な研修での、より多様な参加者の回答が得られた。しかしながら、研修前は実行に関して高く評価をしていた教員が、研修後に評価が低くなった例も少なからずみられた。これについては、研修後に教員の自己評価の基準が変わった可能性も考えられたが、一方で、研修前に作成した支援計画は、実行が不十分なままに評価を行っていたり、実行するには手続きの記載が不十分であったりした可能性や、研修前の記録は、支援効果を明らかにする記録ではなかった可能性も推測される。教員の自己評価に基づく調査であるため、作成された支援計画における目標や手だての質や、実行度の正確さについての情報収集には課題が残った。

以上のことから、本研究で実施した単発的な研修プログラムは、支援計画の作成についての成果がある程度認められたものの、行動分析学の理論、支援計画の作成や介入方法の知識の教授だけでは、その後の支援計画の実行の促進について、記録の実施、行動改善に結び付く評価と改善、周囲の理解を得られる実行の 3 点で困難さが残った。教員間での経験年数や専門分野により、知識や経験に差があることや、教員の配置等の環境の違いによる影響も考えられる。実行と行動改善に結び付く支援計画の作成には、個々の教員の実態に応じた段階的な研修や個別の支援などさらなる方略の工夫が必要となると考えられる。

3. まとめ及び今後の課題

特別支援学校の現場では、児童生徒の行動問題が多く生起し、各教員が困難さを感じ支援を検討するなか、支援計画としては作成していなかったり、作成をしても実行や記録に困難さがあったりするという実態が明らかになった。また、単発的な研修を行うことで、個々の教員による支援計画の作成が可能となる部分もあるが、記録の実行に困難が残り、重大な変化が見えにくいことや、支援計画の改善に結び付かないという課題、実行し一定の効果が見られた場合であっても、他の教員との具体的な支援手続きの共有不足が生じるという課題が明らかになった。支援計画の実行や児童生徒の行動改善につながる質の高い支援計画の作成にさらに結びつけるためには、記録の実施や実行に基づく支援の評価と改善に関する、1 人 1 人の教員の実情に応じた段階的な研修の設定または個別の作成支援機会の設定や、支援手続きの具体的な共有の方法などのチームとしての支援、児童生徒の行動改善等支援の効果を実感できる機会設定が必要となると考える。研修時間の確保に課題があるなか、教員が負担なく有効に学び、研修内容を実行可能にするための、組織的な研修システムの検討が必要である。

〈文　献〉

平澤紀子（2008）教員に対する機能的アセスメントに基づく行動問題解決支援の研修に関する評価. 岐阜大学教育学部研究報告：人文科学, 56, 167-174.

平澤紀子（2010）応用行動分析から学ぶ子ども観察力＆支援力養成ガイド. 学研プラス.

井上雅彦・岡田　涼・野村和代他（2012）強度行動障害における自閉性障害との関連性—日本自閉症協会評定尺度（PARS）短縮版による分析. 精神医学, 54, 473-481.

加藤慎吾・小笠原恵（2017）知的障害特別支援学校の教師が行動問題支援過程において直面する困難の検討. 特殊教育学研究, 54, 283-291.

文部科学省（2009）特別支援学校学習指導要領解説自立活動編（幼稚部・小学部・中学部・高等部）.

文部科学省（2018）中央教育審議会　第 3 期教育振興基本計画について（答申）. 文部科学省 HP, 2018 年 3 月 8 日. http://www.mext.go.jp/b_menu/shingi/chukyo/chukyo0/toushin/__icsFiles/afieldfile/2018/03/08/1402213_01_1.pdf（2018 年 3 月 10 日閲覧）

文部科学省（2019）平成 30 年度児童生徒の問題行動・不登校等生徒指導上の諸課題に関する調査結果. 文部科学省 HP, 2019 年 10 月 17 日. https://www.mext.go.jp/component/a_menu/education/detail/__icsFiles/afieldfile/2019/10/25 /1412082-30.pdf（2020 年 5 月 13 日閲覧）

小笠原恵・守屋光輝（2005）知的障害児の問題行動に関する調査研究：知的障害養護学校教員への質問紙調査を通して. 発達障害研究, 27, 137-146.

小笠原恵・湯川英高・加藤慎吾他（2015）知的障害特別支援学校における行動問題の実態と教員の意識調査. 発達障害研究, 37, 160-173.

岡本邦広（2017）障害のある子どもの指導・支援に関する研修の研究動向. 特殊教育学研究, 55, 233-243.

左藤敦子・池田彩乃・山中健二他（2016）特別支援教育における現職教員の研修ニーズ—特別支援教育制度施行 7 年後の特別支援学校の現状と展望. 筑波大学特別支援教育研究, 10, 53-63.

霜田浩信・清水直輝・橋本創一他（2006）知的障害養護学校中学部における教育支援に関する基礎研究—行動上の問題を示す生徒の実態調査による検討. 東京学芸大学紀要, 総合教育科学系, 57, 505-513.

髙津　梓・中村　晋・佐藤義竹他（2019）知的障害のある児童生徒に関わる教員に対する「行動支援計画」作成研修の効果についての調査. 筑波大学附属大塚特別支援学校研究紀要, 63, 131-134.

八木成和（2015）現職教員の「個別の指導計画」の作成に関する現状と課題. 四天王寺大学紀要, 60, 233-243.

The Japanese Journal of Autistic Spectrum 2021, Vol.18-2, 61-67

実践報告

行動上の問題を示す自閉スペクトラム症の疑いのある幼児をもつ母親への家庭訪問支援

Home-based intervention for a mother of a toddler suspected of autism spectrum disorder and behavior problems

松本　好（株式会社 LITALICO）
Konomi Matsumoto（*LITALICO Inc.*）

榎本　大貴（株式会社 LITALICO）
Daiki Enomoto（*LITALICO Inc.*）

井上　雅彦（鳥取大学大学院医学系研究科臨床心理学専攻）
Masahiko Inoue（*Tottori University Graduate School of Medical Science, Clinical Psychology*）

■**要旨**：本研究では、通所施設への通所が困難となった事例において、家庭訪問支援として子どもおよび母親へ介入することで、子どもの行動上の問題の改善や新しい行動の獲得、母親の養育行動の獲得や養育ストレスの変化を検討した。介入は、機能的アセスメントに基づく子どもへのコミュニケーション指導、母親へのペアレント・トレーニングおよび日常生活の助言、通所施設への移行支援であった。その結果、家庭という日常生活場面で支援を行うことにより、子どもの行動上の問題の減少とコミュニケーション行動の獲得、子どもに対する母親の育児ストレスの改善に及ぼす効果があり、通所施設への通所が可能となった。一方で、母親自身の孤立感ついては変化がみられず、通所施設での継続支援を要する可能性が示唆された。

■**キーワード**：家庭訪問支援、コミュニケーション指導、ペアレント・トレーニング

Ⅰ．問題の所在と目的

　自閉症児をもつ家族はその他の障害児の家族と比べて高いストレスを有していることが報告されている。特に、子育ての中心的役割をもつ母親は負担が大きく母親の精神的健康状態も配慮した支援が必要である（岡村，2016）。親に対する支援の１つにペアレント・トレーニングがある。ペアレント・トレーニングは、行動変容の学習を通して親の養育行動を変容させることにより、子どもの健全な成長発達の促進や不適切行動の改善を目的とした行動理論に基づく心理教育的アプローチの総称である（井上，2017）。その形態として、親への個別支援、親集団への支援、親への個別支援と親集団への支援を組み合わせた支援の３つがある（原口，2013）。指導者が直接家庭へ出向くよりも、集団の形態で親が指導者からトレーニングを受け、それ

をもとに家庭で親が子どもに対して介入を実施することが多く（免田他，1995）親や子どもの家庭内での行動変容を定量的に測定した研究は極めて少ない（上野他，2012）。

　また、強いストレスを抱えている自閉症児・者の家族には、社会支援が重要な意味を持っている（納富・松尾，2000）。しかし、子どもの行動上の問題[註]（かんしゃく、こだわり等）への対応の難しさから、通所支援につれていけず親が孤立感を抱えているケースは少なくない。発達支援の機会にアクセスしづらくなることでサポート不足や子どもの行動上の問題が悪化する恐れがあると考えられる。支援者が家庭に訪問し、子どもへの介入と合わせ親の生活上のストレスを軽減

註）本研究では、問題の所在は子どもたちと周囲の環境との相互作用にあり、一方的に子どもに存在するものではないとする「行動上の問題」という用語（肥後，2010）を使用することとしました。

させていく支援も必要である。しかしながら、家庭訪問による支援は、日常生活場面で形成した行動を指導員がいない状況下でも般化・維持するかを検討したもの（奥田，1999）や専門機関で子どもに介入し、その介入効果を家庭でみるもの（小野島他，2020）が多く、自閉症児に対する日常生活場面での介入と合わせてとその家族の養育ストレスに対する介入を行った支援事例は少ない。

以上の背景から、本研究では、通所施設への通所が困難となった事例において、家庭訪問支援によって子どもへの介入と併せて母親への介入も行うことで、子どもの行動上の問題の改善や新しい行動の獲得、母親の養育行動の獲得や養育ストレスの変化を検討する。

Ⅱ．方　法

1．研究対象者の概要

（1）子ども（以下、男児A）の基本事項・主訴

本研究開始時（X年12月）の生活年齢は、2歳11カ月であった。

その同月にASDの疑いがあると診察時に医師より伝えられる。第一著者が男児A宅で実施したPARS-TR（Parent-interview ASD Rating Scale-Text Revision：親面接式自閉スペクトラム症評定尺度テキスト改訂版，発達障害支援のための評価研究会，2013）評定はカットオフ値9点以上の35点であり、ASD症状の特性が強いとされた。男児Aのコミュニケーション手段は、意味のある言葉やアイコンタクトはなく、クレーンでの要求は可能であった。しかし、日常的に使用される頻度は少なく、一日のうち12時間程度は泣いて過ごす状態であり、男児Aの泣き行動が家族にとっての一番の困り感であった。家庭場面では、母親以外の家族が男児Aに近づくと泣き叫び、母子分離が難しい状態であった。研究開始3カ月前より、通所施設B教室に週1回通所していた。しかし、教室への入室拒否や教室に入った後もすぐに母親の荷物をもって教室から泣いて出たがる様子がみられ、療育時間のほとんどを泣いて過ごすことが約2カ月間続き、通所施設内での支援が実施困難となった。

（2）男児Aの母親の基本事項・主訴

母親は30代の専業主婦であった。母親の育児に関する特徴として、男児Aが療育時間に泣く、提示された活動に参加できないことがあると支援者に対して、「すみません」いう言葉や困った表情が多く見ら

れた。男児Aが泣き続けることに対してどのように関わったらよいのかがわからず、育児の困難さや子育てのストレスが高い状態であった。

男児Aの家族構成は、父親、母親、姉、男児Aの4名であった。父親は、仕事が多忙なため休日も家にいないことが続いていること、父親自身が男児Aとの関わりに苦手意識を持っていること、男児Aは父親が家にいると部屋に戻るように押し出す行動が見られていたため、育児の協力を得られづらい状態であった。そのため、母方の祖母がほぼ毎日男児A宅に通い、母親をサポートしていた。母親の相談先は、通所施設の指導員と祖母の他にはなく、相談先の少なさが伺えた。

（3）A児と母親の抱えていた課題

①泣き行動の問題

母親は、寝つきが悪い男児Aを抱っこし続けることや、一日中の泣き行動への対応から十分な休息がとれず体調を崩し、通所予定日の欠席が続くようになった。この頃から、男児Aとの外出が難しくなり、男児Aと母親は2週間ひきこもり状態となっていた。

②家庭での支援の必要性

以上の課題から、通所の困難さに対しては男児Aの安心感のある環境下で支援を行うこと、男児Aの泣き行動・外出しぶりによる母親の疲弊感に対しては泣き行動を軽減し、男児Aが適切な行動を獲得すること、母親の育児負担を軽減するために男児Aとの関わり方を生活場面で練習していくことの支援が必要だと考えられた。そこで、家庭訪問支援を行っている第一著者（以下、指導員）より通所支援から家庭での支援サービスに切り替えることを提案し、母親からの同意が得られたため、本研究の介入が開始された。なお、家庭訪問支援は、当初男児Aが利用していた第一著者・第二著者が所属する機関による療育支援を私費によって支払われていた。

2．アセスメントと支援方針

（1）男児Aのアセスメント

①行動上の問題の定義と機能分析によるアセスメント

一番の主訴であった男児Aの泣き行動がどのような時に生起することが多いかについて16の質問項目を7段階のリッカートスケールで評価するMAS（Motivation Assessment Scale, Durand, 1990）を介入開始時に母親に対して行った。その結果、「感覚15点」「逃避13点」「注目14点」「要求19点」と「要求」の得点が他機能よりも高いことから、泣き行動の

機能は「要求」であると仮説された。以上のことから泣き行動の代替行動として要求コミュニケーションの獲得を基本的な介入方針とした。

②男児 A の標的行動

　介入時点において、男児 A は意味のある発語はなく、ほしいものに対して手を伸ばす行動が観察された。男児 A の発達状態から、要求の機能をもつ、アイコンタクト、物を手渡す、サイン行動（指導員の手を 3 回たたく）を要求コミュニケーション行動とした。

（2）母親のアセスメント

①母親の男児 A への関わり

　介入開始時、母子間の関わりについての行動観察を行った。男児 A に対して母親が指示を出す場面では、母親は声掛けし男児 A の注意を引こうとするが、男児 A はリビングにおいてあるおもちゃに注意が向き、母親の声掛けに反応することがなかった。また、母親は、指示以外の声掛けはなく、男児 A がとった行動に対してのほめるなどの賞賛行動は見られなかった。以上のことから、母親が子どもとの関わり方を学ぶ機会として、第一に指導員と子どもの練習場面をモニタリングする機会を設けること、第二に子どものよい行動を見つけ、よい行動を増やすための強化方法を知り実践できるよう練習する機会を設けることが必要であると考えた。

②母親の標的行動

　男児 A の適切な要求行動に対しての要求充足とともに適切な要求行動に対する賞賛行動とした。例えば、男児 A がほしいおもちゃがあるときに母親の手を 3 回たたくことができたら、母親はほしがるおもちゃを渡し、「上手ね」とほめる。

3. 指導場面および期間

　男児 A 宅のおもちゃのあるリビングにて実施した。内容は、1. 男児 A の様子についての聞き取り、2. 指導員による要求行動の練習（後述の介入Ⅰ期、介入Ⅱ期で記載した内容）および自由遊び、3. 振り返り（介入Ⅰ期はセッションごとの結果についての振り返り、介入Ⅱ期からは、ペアレント・トレーニングおよび助言）、により構成された。指導員は、第一筆者であった。介入期間は、20XX 年 12 月～ 20XX ＋ 1 年 3 月であった。介入回数は、約 3 カ月間にわたり全 18 回（以下、# 1 ～ # 18）各回 90 分実施し、セッションの様子はビデオカメラで撮影した。

4. 手続き

（1）デザイン

　単一事例研究法におけるフォローアップも含む AB デザインによる効果の測定を行った。

（2）手続き

　ベースライン期、介入Ⅰ期、介入Ⅱ期、フォローアップ期の 4 つのフェーズに分けて、各期間の手続きを変えた。

①ベースライン期（# 1，# 2）

　男児 A：男児 A が手を伸ばしたおもちゃを指導員が提示し、自発的な要求行動の観察を行った。

　母親：男児 A の要求行動の観察後、男児 A との関わり場面における、男児 A に対する賞賛行動の観察を 5 分間行った。

②介入Ⅰ期（# 3 ～ # 9）

　男児 A：指導員が手を差し出し、男児 A がその手を 3 回叩くサイン練習を実施した。強化として標的行動に随伴して要求充足と言語賞賛・身体接触を行った。プロンプトには、手を添えた身体プロンプト、「かして」「なに」と言った音声プロンプトを用い、音声プロンプトで生起しなかった場合に、身体プロンプトを用いた。指導時間は 90 分であった。

　母親：指導場面のモニタリングを依頼した。

③介入Ⅱ期（# 10 ～ # 16）

　男児 A：介入Ⅰ期と同様に、要求行動の練習を行った。指導時間は 60 分であった。

　母親：ペアレント・トレーニングと生活面への相談・助言を男児 A の指導後に行った。指導時間は 30 分であった。

　a）ペアレント・トレーニング

　ペアレント・トレーニング（井上他，2008）の「褒め上手になろう」のレクチャー、行動リハーサル、リハーサル後のフィードバックを行った。また、ホームワークとして、母親に家庭での男児 A との遊び場面のビデオ撮影（5 分）と井上ら（2008）のレクチャーにあるほめ方に関するポイントを 6 項目にまとめた自己評価シート（表 1）を用いた振り返りを依頼した。

　b）生活面への相談・助言

　母親の困りごとであった食事、外出場面に対して、自閉症特性に合わせた視覚支援を用いた日常生活場面の助言及び介入を行った。

④フォローアップ期（# 17，# 18）

　介入終了後から約 1 カ月後に、標的行動が維持しているかを観察した。

表1　自己評価シート項目

項目番号	内容
1	ほめるハードルを下げることを試みましたか
2	努力していることをほめましたか
3	困った行動をしていないときにほめましたか
4	よい行動をしたすぐあとにほめましたか
5	わかりやすい言葉や表現をつかいましたか
6	子どもにあったほめ方をしましたか

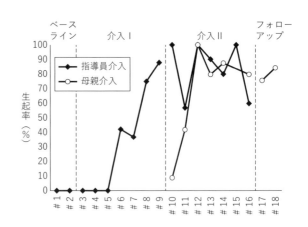

図1　自発的な要求行動の生起率

（3）評価方法

①男児Aと母親の標的行動

　ベースライン期、介入期、フォローアップ期すべての試行のビデオを観察し、男児Aに関しては「（プロンプトなしで生起した自発的な要求行動の生起頻度）／（設定した要求機会数）×100」したものを生起率とした。母親に関してはホームワークで依頼した家庭での遊び場面5分間における生起頻度を算出した。

②標的行動の信頼性

　データの信頼性を確認するため、第一筆者と本研究と関わりのなく指導経験が3年以上かつ指導員育成も担当している指導員が独立してVTR録画した家庭訪問支援中の介入場面90分の内10分間を分析対象とし、男児Aと母親の標的行動の生起について評価した。観察者間一致率は、母子それぞれにおいて、「（一致した行動項目数）／（全行動項目数）×100」で算出した。観察者間一致率は、90％であった。

③親の育児ストレス

　親の育児ストレス、親子や家族の問題などをアセスメントする19の質問項目を「まったく違う」～「まったくそのとおり」の5段階で回答するPSI-SF（PSI育児支援アンケートショートフォーム，浅野他，2014）を介入前後で、全体スコア、各領域スコア値を算出した。

④母親の自己評価

　自己評価シートの各項目について「よく当てはまる」から「全く当てはまらない」までの5段階で、「よく当てはまる」を5点、「全く当てはまらない」を1点としたリッカート尺度で評価を行った。セッションごとに各項目の1～5点の得点を算出し、すべての合計を自己評価スコアとした。

⑤事後アンケート

　介入終了後に事後アンケートを実施した。質問項目は、「家庭訪問支援を受ける前と後でどのような変化がありましたか」「お子さんとの関わりでお母さま自身が変化したことはありますか」「お子さんができるようになったことはなんですか」「子育てに対する気持ちの変化はありましたか」の4項目で構成した。自由記述式による回答を求めた。

5．倫理的配慮

　倫理的配慮として、母親に対し家庭訪問支援初日のインテーク時にインフォームド・コンセントを書面と口頭で行った。研究参加の自由意思・拒否・途中中断の権利、守秘義務の遵守とプライバシー保護、および事例発表に関する協力、について書面で同意を得た。

Ⅲ．結　果

1．男児Aの自発的要求行動

　自発的な要求行動の生起率を図1に示す。縦軸はプロンプトなしで生起した要求行動の生起率（％）、横軸はセッション数である。介入Ⅰ期は指導員の介入による生起率、介入Ⅱ期は指導員との要求行動の練習時における生起率と母親とのペアレント・トレーニング時における生起率、フォローアップ期は母親の介入による生起率である。

　介入Ⅰ期では、＃3から＃5までは、音声プロンプトなしでの要求行動は生起されなかった。＃6以降、自発的要求行動が生起され、＃9では90％となった。介入Ⅱ期では、指導員との練習場面において、＃11と＃16は80％以下であったが、介入Ⅰと比較し自発的要求行動の頻度が上昇した。フォローアップ期の＃17、18では、指導員ではなく、母親が実施者と

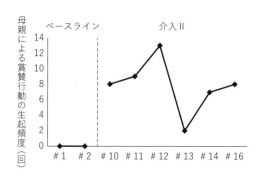

図 2　生起頻度の推移

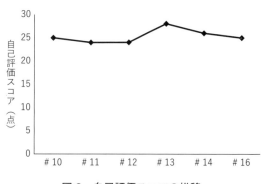

図 3　自己評価スコアの推移

なっても自発的要求行動は生起率 70％以上で維持した。

2. 通所施設への移行

外出への声掛けや写真による見通しの提示、介入終了後の通所施設への引継ぎ・同行を通して、通所施設 C 教室への通所が可能となった。

3. 母親の賞賛行動と自己評価

(1) 賞賛行動の変化

母親のセッションごとの賞賛頻度を図 2 に示す。横軸は 5 分間中に生起した賞賛の生起頻度、縦軸はベースライン期と介入 II 期のセッション数である。

BL 期では賞賛行動の生起頻度が 0 回であったが、# 10、11、12、14、16 では 5 分間で 7 回以上の「上手だね」等の言語賞賛や頭をなでる等の身体接触が見られた。# 13 は、ものを渡す以外の言語賞賛・身体接触は他セッションと比較すると減少していた。# 15 は家庭での遊び時間が作れなかったため実施がなかった。

(2) 母親の自己評価

セッションごとの母親の自己評価スコアの変化を図 3 に示す。# 13 では 28 点と他セッションよりもスコアが増加したが、評価開始時の # 10 と終了時 # 16 で 25 点と変化はみられなかった。

4. 母親の育児ストレス

(1) 育児ストレスの変化

介入前後での PSI-SF による結果を表 2 に示す。全体スコア 71 点から 57 点（子どもの側面：38 点から 27 点、親の側面：33 点から 30 点）に低下した。

一方で、PSI-SF 親の側面から、社会的孤立と親の抑うつ・罪悪感については他の下位項目に比べ変化が

表 2　PSI-SF の結果

項目	介入前	介入後
子どもの側面		
親を喜ばせる反応が少ない	7	4
子どもの機嫌の悪さ	5	3
子どもが期待どおりにいかない	4	3
子どもの気が散りやすい／多動	10	6
親につきまとう／人に慣れにくい	4	4
子どもに問題を感じる	5	4
刺激に敏感に反応する／ものに慣れにくい	3	3
親の側面		
親役割によって生じる規制	5	4
社会的孤立	7	8
夫との関係	9	7
親としての有能さ	6	6
親の抑うつ・罪悪感	2	3
親の健康状態	4	2
総点	71	57

なかった。

(2) 介入後のアンケート結果

事後アンケートでは、家庭訪問支援による子どもの変化として、「大泣きすることが減り要求していることが少しずつわかるようになった。落ち着きがでてきた。少しだけ待つこと、かして・ちょうだいの要求ができるようになった」、母親自身の気持ちの変化として、「子どもに対してイライラすることが減った。ほめることが増えた」、子育てに関する気持ちの変化としては、「気持ちの余裕ができ、ゆったり構えられるようになった」と回答した。

Ⅳ．考　察

本研究では、通所施設への通所が困難となった事例において、家庭訪問支援によって子どもへの介入と併せて母親への介入も行った。子どもの行動問題の改善や代替する適切なコミュニケーション行動の獲得、母親の養育行動の獲得や養育ストレスの変化を検討した。その結果、子どもの行動上の問題の減少とコミュニケーション行動の獲得、母親の育児ストレスの改善に及ぼす効果があり、通所施設への通所が可能となった。

(1) 男児Ａへの介入効果

男児Ａへの介入方針として、要求機能をもつ代替行動の獲得を促すことで泣き行動の低減をはかった。その結果、子どもの泣き行動が減り、指導員だけではなく母親に対しても、自発的な要求を伝えることができるようになった。こうした結果は、第一に泣き行動への機能的アセスメントに基づく介入、第二に指導員による要求行動スキルの獲得、第三に母親への移行手続きによるものと考えられる。

(2) 母親のスキル獲得について

＃10、＃11では、子どもの要求したいおもちゃの選定が難しく、男児Ａの自発的要求行動が引き出せない状況があったが、＃12移行は男児Ａの自発的要求行動が80％以上と高い水準で維持することができ、母親の子どもへの提示を含む関わりがスムーズになっていった。また、賞賛行動が＃13に他セッションよりも下がる一方で自己評価スコアが＃13では高い点については、＃10、＃11、＃12では男児Ａの生起したすべての行動に賞賛をしていたが、＃13では獲得された行動ではなく、芽生えの行動に対して賞賛していたためである。自己評価スコアが介入開始から継続して高く維持していたことは、事前のレクチャーや実施する内容が明確であったためと考えられる。

以上のことから、母親は実践を重ねながら、子どもの行動をよく観察し、強化する行動を選択するスキルを獲得していったと考えられる。しかしながら、子どもとの関わりに不安をもつ母親にとって、成功体験は重要であることから、指導員から母親へ実践を引き継ぐ際のフォローの仕方は今後の課題である。

(3) 介入による母親の育児負担への影響

柳澤（2012）は、「自閉症スペクトラム障害児・者の家族の問題を改善していく糸口となるのは、家族が自閉症スペクトラム児・者への対応を身に付け、自信をもつことである。そのためには、家族がASD児・者の指導や支援に主体的に参画することが重要となる」と述べている。本研究では生活環境の中で、母親が子どもとの関わり方の習得を促す介入を行った。介入を通し、母親への応答性が高まり、母子間のコミュニケーションが良好になったことで、母親自身が子どもに対して肯定的にとらえられることができるようになった。また、母親が習得したスキルが父親へも伝わり、家族へ展開していく変化がみられたことも、母の育児負担の軽減につながったと考えられる。

しかしながら、母親の子どもへの養育行動の改善が見られた一方で、介入前後を比較してもPSI-SFの結果から、母親自身の孤立感は依然としてストレス値が高い状態であったと推察される。その理由として、本研究では孤立感に関するストレスについては検討していないことやPSI-SFの取得時期が、通所施設への移行が決まった直後であったためと考えられる。今後、通所が安定することによって、施設職員や施設に通う保護者とのつながりから母親の孤立感が改善してくることが予想される。

通所施設への通所が困難になるケースは、家庭内での問題の悪化や地域からの孤立につながり、さらにケースを重篤化させてしまうことが予測される。そのような事態を防ぐために、家庭訪問支援において日常生活場面での支援を行い、社会資源にアクセスしやすくなる支援を維持・強化していくことは重要であると考える。

(4) 今後の展望

児童福祉法内に新設された「居宅訪問型児童発達支援」では重度の障害等のある児童が家庭訪問型で支援を届けられる対象とされている。しかし、障害の重さだけではなく子どもの障害特性（かんしゃく、こだわり等）への対応の難しさから、通所支援につれていけず家族が疲弊しているケースが存在する。発達支援につながりにくくなっている家族を福祉サービスにおける訪問支援の対象として拡げることは必要であると考える。それにより、子どもの行動上の問題の悪化や家族の地域における孤立を予防することができるだろう。今後も、さらなる実践の蓄積と検討を行っていきたい。

〈文　献〉

浅野みどり・荒木暁子・荒屋敷亮子子他（2014）PSI-SF PSI 育児ストレスインデックスショートフォーム．社団法人雇用問題研究会．

Durand, V. M. (1990) Severe Behavior Problems: A Functional Communication Training Approach. Guilford Press.

原口英之・上野　茜・丹治敬之他 (2013) 我が国における発達障害のある子どもの親に対するペアレントトレーニングの現状と課題―効果評価の観点から．行動分析学研究, 27(2), 104-127.

肥後祥治 (2010) 子どもたちの抱える行動上の問題への挑戦. 明治図書出版．

井上雅彦 (2017) 発達障害に対するペアレント・トレーニングの実際と課題 (特集 共生社会を目指した発達支援を考える). 発達障害研究, 39(1), 87-90.

井上雅彦・野村和代・秦　基子 (2008) 子育てが楽しくなる 5 つの魔法 (改訂版). アスペ・エルデの会．

一般社団法人発達障害支援のための評価研究会編著 (2013) PARS-TR PARS テキスト改訂版. スペクトラム出版．

免田　賢・伊藤啓介・大隈紘子他 (1995) 精神遅滞児の親訓練プログラムの開発とその効果に関する研究. 行動療法研究, 21, 25-38.

納富恵子・松尾　文 (2000) 地域における自閉症児と家族への支援―研究会が形成したサポートネットワークの実際. 福岡教育大学障害児治療教育センター年報, 13, 59-64.

岡本章司 (2016) 高いストレスをもつ保護者による行動問題を示す自閉症児への家庭での介入を促す支援方略の検討―強みに基づくアプローチを通して. 特殊教育学研究, 54(4), 257-266.

奥田健次・井上雅彦 (1999) 自閉症児における対人関係の改善と遊びの変化―フリー・オペラント技法を適用した事例の検討. 特殊教育学研究, 37(3), 69-79.

小野島昇洋・志村　恵・梅永雄二 (2020) 知的障害を伴う自閉スペクトラム症児の自立した課題遂行へのワークシステムを用いた支援―大学のセッションルームにおける指導と家庭への般化. 自閉症スペクトラム研究, 17(2), 33-40.

柳澤亜希子 (2012) 自閉症スペクトラム障害児・者の家族が抱える問題と支援の方向性. 特殊教育学研究, 50(4), 403-411.

The Japanese Journal of Autistic Spectrum 2021, Vol.18-2, 69-75

実践報告

関係者との連携を強化した高校通級指導
──自閉傾向のある生徒に対する自立活動指導の充実──

Special classes for disabled high school students through enhanced cooperation with stakeholders: Fulfilling instructions for independent activities by students with autism tendencies

佐藤　利正（群馬県立高崎高等学校）

Toshimasa Sato（*Gunma Prefectural Takasaki High School*）

■要旨：高校通級とは高等学校において実施する「通級による指導」の略称である。平成30年度から高等学校及び中等教育学校後期課程において、大部分の授業を通常の学級で受けながら、一部の授業について障害に応じた特別の指導を特別な場で受ける「通級による指導」を実施できるようになった。その高校通級の指導形態において、群馬県は拠点となる指導場所を基本としながらも、通級担当者が通級指導を利用する生徒が在籍する高校へ出向いて指導する「巡回型高校通級指導」を採用している。この形態は、通級利用生徒の在籍校の教員が通級指導を行う、いわゆる「自校通級」の形態とは異なり、通級担当者が生徒の学習上、行動上の課題や日々の生活の様子など、通級利用生徒の実態が掴みづらいという課題がある。

　そこで、本実践報告では、生徒の実態を中学時代の特性やその変容を含めて総合的に把握するために、通級担当者と在籍校関係者及び、中学時代の通級担当者との連携を強化し、通級指導に活かす取り組みを行った。具体的には、高校通級を利用している1名の生徒に対して、実態把握シートを用いながら、通級利用生徒に関わる職員と連携会議を行い、得られた情報を個別の指導計画や実際の指導に活かす取り組みを行った。結果、生徒、学校職員、保護者とも、通級利用について、実態に応じた効果的な指導がされた、また、指導内容を関係者間で共有できた等、肯定的な評価を得た。さらに本実践報告では、上記の取り組みのもと行った、集団での通級指導について、その内容と成果について報告する。

■キーワード：高校通級、連携、自閉傾向、自立活動

Ⅰ．問題の所在と目的

　高校通級とは高等学校において実施する「通級による指導」の略称である。文部科学省によると中学校で通級による指導を受けている生徒は、平成5年の12,259人から平成29年の108,946人と増加しており、平成29年度は中学校において約12,000人が通級による指導を活用している（文部科学省，2019）。それらを受けて、学校教育法施行令の一部改正により、平成30年度から高等学校及び中等教育学校後期課程において、大部分の授業を通常の学級で受けながら、一部の授業について障害に応じた特別の指導を特別な場で受ける「通級による指導」を実施できるようになった。その高校通級の指導形態において、群馬県は通級担当者が、通級を希望する生徒の高校へ出向いて指導する巡回による指導も採用している。この形態での高校通級指導は平成30年度より行っており、令和2年1月9日時点で18校33名の高校生が通級を利用している。

　生徒の入級に当たっては、まず、県教育委員会指導主事と通級担当者2名の計3名で、利用希望生徒、保護者、在籍校教員それぞれとインテーク面談を行う。そこで得られた情報をもとに分析資料を作成し、入級判定会議を行う。入級が決定した生徒に通級指導が始まる。指導は生徒1人1人の障害や特性による学習上又は生活上の困難を改善、克服することをねらいとし、学習内容は特別支援学校高等部学習指導要領で示す「自立活動」の内容を取り扱っている。通級を利用する生徒の障害（傾向も含む）の種類は自閉スペクト

ラム障害が最も多く、次に注意欠如多動性障害、続いて学習障害である。

　担当者が、自立活動を進めていく上で、生徒の実態に応じた計画的、実際的な指導を行うために、生徒が多くの時間を過ごす在籍校・在籍学級との連携が大変重要である（大城・笹森，2010）。このような連携において、生徒の在籍校の教員が行う形態である「自校通級」では、生徒が通級担当者に相談しやすく、また通級担当者が他教員との連携が取りやすい等の利点があるとされているが（文部科学省，2016）、群馬県のように担当者が高校を訪問する「巡回型通級指導」では、これらの利点が得られにくいという課題がある。通級担当者は、生徒の学習や生活の様子を、主に生徒の在籍校の特別支援教育コーディネーター（以下特支Coとする）から得ている。しかし、巡回による指導において、生徒の実態に応じた効果的な指導を行うためには、在籍校の特支Coだけでなく、担任や教科担当者等の現在生徒と関わる職員や、中学時代に作成された個別の指導計画について当時の担当者等と情報共有し、複数の目から見た生徒の現状や過去の生活の様子や効果的であった指導など、生徒の過去の特性やその変容を含めて総合的な実態把握を行う必要がある。実態把握を総合的に行うことは、特別支援学級と通常学級との交流における連携においても有効であり（岸本，2013）、また特別支援に係わる教員同士の連携においても有効であるとされている（高村，2019）。以上のことから、今回のような総合的な実態把握を行う事は、在籍校の関係者が生徒理解を深め、通級担当者と連携した効果的な指導を行えることが期待される。

　そこで、本実践では、通級担当者として、在籍校の担任や教科担当者などの在籍校関係者との、また中学時代の通級担当者との支援会議を重ねるなどして連携を強化しながら行った、生徒の実態に応じた高校通級指導について報告する（図1）。

Ⅱ．方　法

1．対象者

　群馬県内の県立高校（全日制）に通いながら、通級利用をしている1名の生徒を対象に実践を行った。

・生徒A（高校1年生、男子）

　自発的な発言が少なく、また活動や周囲と関わることに対する不安が大きく、学級集団の中で過ごすことが苦手な生徒である。中学1年生から通級を利用し、

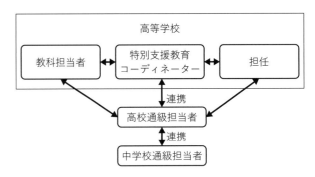

図1　関係者との連携図

中学時代は通級指導教室で過ごすことが多かった。

　高校入学後、5月くらいまでは登校を続けられていたが、6月くらいから次第に欠席が多くなっていった。こだわりの強い面や、自分が納得できないと動けないなどの自閉傾向がみられるが、医療機関は受診していない。中学時代に通級で受けた支援に対して肯定的な感情をもっており、高校入学後も通級利用を希望した。

2．連携の方針と実態把握の方法

　在籍校と連携を行う上で、できるだけ多くの関係者の目でみた上でのA君の実態把握ができるようにした。また、中学時代の生活の様子や特性について把握し、効果的であった支援方法を高校通級でも取り入れることとした。実態把握については、A君の課題だけではなく、特にA君のもつ強みについても情報共有できるようにし、それを引き出すための効果的な指導方法についても、関係者間で検討し情報共有できるようにした。

（1）在籍校関係者と連携

　A君について、その特性や日常の様子を把握するために、在籍校の担任、各教科担当、また特支Coと支援会議を設け、実態把握シート（表1）を用いながら情報共有を行った。実態把握シートの形式は、協議を進めるにあたり、どのような点について重点的に話し合いたいかについて、関係者から得た意見を参考にしながら、通級担当者が作成した。協議内容については、生徒の課題面だけではなく、現在よくできていることも含め、各関係者と協議しながら完成させた。

（2）中学時代の通級担当者との連携

　A君の中学時代の生活の様子やその特性、また効果的であった指導方法について把握するために、高校通級担当者、中学校時代の通級担当者、在籍校の特支Coとで支援会議を設け、実態把握シート（表1）を

表1　通級入級生徒に係る実態把握シート

1.　中学時代のA君の様子について
◆学校生活
・緊張が強く教室に行けないことが多く、不登校気味であった。
・人と関わることが苦手で、特に人が多い場所には不安で行けない。
◆家庭での様子
・動きがゆっくりで、自分が納得したことでないと動けないことが多い。
◆通級での様子
・一人、または少人数だったので、表情穏やかに過ごしていた。
・手芸やゲーム、また調理実習などに楽しそうに取り組んでいた。
・大人数が苦手であるが、人と関わること自体は嫌いではない。
2.　高校でA君の様子について
◆学校生活
・最初は頑張って登校していたが、欠席が多くなってきた。
・大人数を前にすると、固まってしまうことがある。
・学習態度はとても良好で、発言できる場面もある。
・人と関わることは嫌いではなく、声をかけられると嬉しそうである。
◆家庭での様子
・保護者は、頑張って登校してほしいと思っている。
・動きがゆっくりで、自分が納得したことでないと動けないことが多い。
・読書が好きである。
◆通級での様子
・穏やかな表情で、言葉少なだが自分の好きなことを教えてくれる。
・通級で楽しい活動をしたいと思っている。
3.　効果的と考えられる指導内容や方法について
・大人数での活動は不安や緊張が強く、少人数での活動など、安心して活動できる環境を設定する必要がある。
・人と関わることは好きなので、ゲームや調理など、本人が楽しみながらできる活動を設定するとよい。

用いながら情報共有を行った。内容については、中学時代の生活の様子、高校生活の様子、中学時代に効果的であった支援方法について、各関係者と協議しながら完成させた。中学で作成した個別の教育支援計画の内容をより具体的にさせながら、A君のもつ強みやそれを引き出すための効果的な指導方法について、関係者間で情報共有した。

3.　指導方法の決定

　上記の連携による生徒の実態把握をもとに、A君の個別の指導計画の作成や指導方法を決定した。前述した指導計画の内容や指導方法については、関係者との連携を行いながら、総合的に対象理解を行ったことをもとに検討していった。

（1）個別の指導計画について

　A君について、それぞれ関係者との連携によって得られた情報をもとに、個別の指導計画を作成した。

　中学校時代の通級担当者との情報共有により、A君は人と関わる上で、不安や緊張が強くうまく関われないという実態が明らかになった。緊張すると発語がほとんどなくなり、頷くなどの簡単な意思表示もできなくなっていた。特に大人数での活動が苦手で、黙ったままその場で動けなくなってしまうことが多かった。しかし少人数や慣れた環境での活動においては、穏やかな表情で参加でき、また調理や手芸など自分の興味のある活動については、積極的に参加でき、言葉少なにではあるが他者と協力しながら作業を進めることができた。高校に入っても、教室移動の際に固まって動けなくなったり、授業中に指名されても黙り続けてしまったりなどの様子がみられ、これらのことは中学時代と同様の様子であることが明らかになった。高校でも、クラスの友人から教室移動の際など優しく行動を促されると、表情が穏やかになり簡単な意志表示をしながら、ゆっくりと行動に移せる場面が見られた。以上の事から、A君の課題は人と関わる上での緊張や不安を軽減すること、またそのためのA君のもつ強みは人と関わりたいという意欲をもっていること、また興味のある活動には積極的に参加できること

であることが明らかになった。

このことから、この生徒の中長期目標を、情緒を安定させて集団活動に参加できる時間を増やすこととし、また短期目標を興味のある活動を一緒に行える人を増やしていくこととした。

そこで、通級での自立活動については、他者と関わる上での不安や緊張を軽減できるよう、A君が楽しんで行える活動を一緒に行いながら、学校での活動に対する不安を軽減させられるようにした。またA君に接する人も、通級担当者、司書教諭、担任などと少しずつ増やしていけるようにした。さらに、それらの活動に慣れてきたら、A君が興味をもって取り組める活動に対して、同世代の生徒と一緒に活動できるよう設定することとした。中学校の通級担当者との連携により把握した、中学時代A君が意欲的に取り組むことができた中学通級での教材も、高校通級で積極的に取り入れることとした。学習環境も、中学時代A君が安心して活動できた部屋の様子を確認し、それに近い学習環境を通級でも設定した。

作成した自立活動の目標や指導内容を、在籍校の担任や教科担当者と共有した。そのことにより、在籍校関係者も、A君に無理をさせず、不安を軽減させながら、参加できる活動を増やしていく方針を立て、それらを踏まえた支援を各関係者で行うようにした。

(2) 実践例（集団指導での調理実習）

上記の目標や支援方針をもとに、通級を進めていく中で、A君に同様に通級を利用する生徒との集団指導を行った。

通級指導の進め方については、単独の指導のみだけではなく、その状況が効果的と考えられる場合は、複数での指導も可能とされており（文部科学省，2018）、集団での指導の利点として、運動や遊びを通して対人関係やコミュニケーションなど、社会的適応力の育成が図れるとされている（大城・笹森，2011）。以上の事から、A君が集団で通級学習することはお互いの課題の克服や目標の達成のために効果的であると考えた。

そこで、活動内容として、A君が興味を持っており、かつ過去に経験をしたことのある調理実習を行うこととした。調理内容は比較的短時間で作ることができ、具を選んだり友達と分担したりするなどの共同作業を必要とする味噌汁作りを行うこととした。

事前学習として、実習の招待状作りと活動内容の確認を行った。A君は、受け取った招待状をもとに、一緒に実習を行う相手について知ることで、また通級

担当者と一緒に活動の流れを把握することで、当日の活動に対しての不安を軽減し、意欲を高められるようにした。A君の学習の目標を、他者と関わることに対する不安を軽減することができる、自発的な発言を増やす、またできるだけスムーズに次の行動に移ることができることとし、それらの目標を事前学習にて本人と確認した。

当日の活動は自己紹介、調理工程の確認、分担決め、調理、会食、振り返りという流れで行った。活動を進める上で、進行をできるだけもう1人の生徒に委ね、A君の意見を聞くなど、声をかけながら進行するように指導した。また、相手の意見を聞けたことや、自分の意見が伝えられたことに対して、その都度賞賛しながら活動を進めた。

当日の指導は通級担当者だけでなく、在籍校の特支CoやA君の担任とのTTによる指導で行った。指導に当たって、事前にA君の自立活動の目標や当日のねらい、また指導方針について、通級担当者と在籍校関係者とで再度共有した。

Ⅲ．結　果

本実践では、通級担当者と学校関係者との連携と中学時代の通級担当者との連携を強化し、通級指導に活かす取り組みを行った。その取り組みに対する結果は以下のとおりである。

1．対象理解の深まり

在籍校の関係者と中学校時代の通級担当者との支援会議を行い、実態把握シートを作成しながら生徒の実態把握をすることで、情報を整理しながら、生徒理解を深めることができた。通級指導を始めるにあたり、高等学校の先生方から、集団適応できないなどと本人の課題が通級担当者に伝えられることがある。また、在籍校の関係者は生徒の課題にばかり注目してしまい、現在達成できている点や本人の得意な事について目を向けていないことがある。そのような点を踏まえ、通級担当者が実態把握シートを作成し、それをもとに生徒の実態について、関係職員と協議をしながら完成させた。そのことで、対象生徒が実際にどのような場面で課題がみられるのか、またどうなってほしいのか、さまざまな目で見たときに共通する点は何か等を整理することができた。また、現在達成できている点についても協議に含めることで、生徒の持つ強みを

改めて認識し、それらを尊重し伸ばしていくことについて、関係職員間で共通認識を持つことができた。

2．指導の経過

（1）通級指導における生徒の変容

　A君は、読書やゲーム、また調理など、本人の興味のある活動を中心に通級で行った。活動を始めるにあたり「○○がしたい」、「○○の方がいい」などと、自分のしたい活動を言葉で意思表示できたり、行った活動に対して「楽しかった」「ちょっと難しかった」など、感想を言えるようになったりした。活動の場所を通級指導教室だけではなく、図書室や校庭に少しずつ変えていったことで、司書教諭に探している本の場所を聞いたり、声をかけてもらった教員に挨拶ができるようになったりした。また、手紙を書くなどして、担任の先生に今自分が頑張っていることや、不安に思っていること等を伝えられるようになった。その手紙は職員室に行き、直接教員に渡すことができた。

　調理実習では、A君の不安を軽減するために、事前にもう1人の生徒に調理実習の招待状を書いてもらった。一緒に活動をする相手からの招待状を受け取って、調理実習が楽しみだと通級担当者に気持ちを伝えることができた。作業当日は、調理室にスムーズに入ることができ、笑顔で他の生徒に自己紹介をすることができた。また、作業の進め方を、相手から教わったときは、「ありがとう」とお礼を言うことができた。活動自体は、時々何をしていいか分からず戸惑ってしまうことはあったが、その都度事前学習で作成した工程表を確認しながら、友達から「○○はこうすればできるよ」や「次は○○をしてくれますか？」などと、手本を見せてもらったり声をかけられたりすることで、スムーズに調理に取り組むことができた。

　今回の実習について、A君は調理実習がとても楽しかったという感想を振り返りシートに書いた。A君は、自分の言葉で、調理実習が楽しかったことを、通級担当者だけでなく担任や関係職員に伝えることができた。A君の保護者は、初めて行う調理工程もあったが、次の活動に取り組むことができたことや、普段人前では食べることのない量を食べたことについて、とても驚いたとのことであった。さらに、実習後日の通級学習の際に、A君は一緒に実習した生徒に対して、家庭でお礼状を書いてきた。「渡すのを楽しみにしていた」と言い、自分から特支Coをとおして渡すことができた。

（2）学校生活における生徒の変容

　A君は、大人数での授業に出席することは未だに抵抗があるものの、通級指導や相談等で学校に来られる日が増えてきた。通級学習では、調理実習の後、通級指導の回数を増やし、また色々な活動をしたいと、担任や特支Coに意思表示することができるようになってきた。また、登校した際に、担任の教師だけでなく、司書教諭や学年の教員など、さまざまな教員との関わりを持てるようになった。その際、手紙でのやりとりも含めて、現在の家庭での過ごし方や不安に思っていることなどを伝えられるようになった。また、活動場所も、今までは教育相談室が中心だったが、図書室や調理室など、人の出入りが多い場所でも過ごせるようになり、学校で過ごせる時間も少しずつ増やすことができた。

（3）通級担当者と関係者との関係の変容

　毎回の通級指導について、その都度指導記録を作成した。当日の学習内容、活動の様子、今後の課題などを記載し、その内容について在籍校の関係職員と共有した。在籍校の特支Coは、関係者との連携をもとに作成したA君の個別の指導計画や通級の指導記録を意識しながら、在籍校の生徒の日々の生活の様子や変容に関する情報をこまめに提供してくれるようになった。またそのことにより、在籍校では特支Coだけでなく、担任や教科担当などと、生徒の様子について情報交換をする場面が増えてきた。その結果、共有した生徒の課題を意識しながら、その現状について情報交換し、「○○の時は△△の対応をする」など、互いに学校生活での支援や通級指導に活かすことができるようになった。在籍校では、通級での学習内容が具体的に把握できるようになり、三者面談等を通して、保護者にも生徒の課題やその変容について、より具体的に伝えられるようになってきた。

3．アンケート結果から

　本実践について、生徒の実態を正確に把握できたか、その実態にあった指導ができたか、指導に対して生徒の変容が見られたか等を評価すべく、A君、保護者、在籍校特支Coに対して、通級指導に関するアンケート調査を行った。それぞれに対して質問項目を変え、4段階のリッカート尺度を用いて質問した。

　生徒からは、「とても適切な指導を受けられた」、「自分の課題が改善された」、「とても自己理解が深まった」、「自分の成長に役に立った」という回答が得られた。

また、保護者からは、「通級での学習は子どもの成長に役に立った」、「学習内容は子どもの課題に対して適切だった」という回答が得られた。本実践内容を確認してもらうと、「子どもが、さまざまな人の支援に支えられていたことを改めて実感した」という感想が得られた。

さらに、在籍校特支 Co からは、「個別の指導計画は生徒の実態に即したものだった」、「通級での指導内容は適切だった」、「通級を利用して、生徒の日々の生活に変容が見られた」、「指導記録等で通級の学習の様子がよく分かった」という回答が得られた。

Ⅳ．考　察

巡回型通級指導を担う教員には、子どもの直接的な指導支援のみならず、在籍校における校内全体への支援に対する期待も高く（伊藤・柘植他, 2015）、学級担任、特別支援教室専門員など、支援に関わる教職員への働きかけを行いながら連携・協働することで、学校全体の連携体制の充実を図る役割を担う必要があるとされている（三田, 2017）。

本実践では、通級利用生徒に関わる在籍校関係者や中学時代の特別支援担当者との連携を強化し、生徒の実態把握や指導計画の作成を共同で行い、またそれを通級の指導に活かす取り組みを行い、さらに通級指導の様子を指導記録等で関係者と共有した。また、記録等を共有するだけでなく、実際の通級授業を在籍校関係者と TT による指導で行った。

本実践で得られた成果は以下の2点であると考える。1つ目は、生徒の実態に応じた効果的な通級指導ができたことである。A君の不安を軽減させながら、興味のもてる活動を中心に通級で行う事で、通級だけでなく、学校生活においても、活動の内容や関わる人を広げていけるなどの変容がみられた。特に調理実習においては、A君は自分なりに意思表示をしながら活動ができ、また当日の様子から、他者と一緒に活動することに対する緊張や不安が少なく活動ができたものと考える。また今回の実習を通したA君の最も大きな変容は、誰から勧められるでもなく、自分で考えてお礼状を書くことができたことである。今までは他者からの声かけや勧めに応じて行動していたことがほとんどであったが、このように自発的に他者と関わり、かつ自分の気持ちを伝えることができたことは、A君の大変大きな変容であると考える。おそらく今

回の実習において、他者がA君の不安そうで困惑した様子を見て、A君が安心するような言葉がけをしてくれたことが、その変容をもたらした一因であると考える。

今回の経験をもとに、A君が活動内容や人と関わることに対する不安を軽減させながら、他の生徒との関わりも少しずつ広げていけることを今後期待したい。

2つ目は、在籍校の関係者と通級担当者との関係が深まったことである。特支 Co だけでなく、担任や教科担当者と情報共有を行う事で、A君の実態について、特に見過ごされがちだったA君のもつ強みについて共通理解し、それを伸ばしていくという共通認識を持つことができた。そのことで、普段のA君の生活の様子について、通級担当者と在籍校の関係者が、より頻繁に情報交換ができるようになった。さらに、実際の通級指導を在籍校の関係者と TT による指導で行う事で、生徒の課題や変容を実際の目で見て、互いに確認することができた。このことで、通級担当者と在籍校の関係者が、生徒の実態や効果的な指導に対して、より共通した認識を持つことができたものと考える。

以上のことから、今回の実践は、生徒の実態や課題について、学校全体で共通認識をもち、A君に関わる教員がそれらを意識しながら、A君の支援を行うという体制作りのために、大変有意義であったと考える。

今後の課題としては、関係者間で共通した目標を持つだけでなく、それぞれが効果的であったA君のアプローチや指導法について、互いに共有し、各々の指導に活かすということが挙げられる。例えば、固まって動けなくなってしまったときに、本人が安心できるよう活動内容を伝えながら行動を促すなど、生徒への具体的な指導方法について共有し、各々の指導の場で実践できると望ましいであろう。

今回の実践が、巡回型通級指導をその利点を活かした、より充実したものとし、普通高校に通う自閉症などの発達障害のある生徒への切れ目のない支援につながるようにしたい。

Ⅴ．倫理的配慮

本実践を報告するにあたり、対象者及び関係者に対して報告することの同意を得た。また、匿名性を保

ち、個人情報の保護に十分配慮した。

<h2 style="text-align:center">〈文　献〉</h2>

伊藤由美・柘植雅義・梅田真理他（2015）「通常の学級に在籍する発達障害の可能性のある特別な教育的支援を必要とする児童生徒に関する調査」の補足調査の結果から見た通級指導教室の役割と課題. 国立特別支援教育総合研究所研究紀要, 42, 28-38.

岸本和美（2013）回避傾向の強い自閉症男児（中学 2 年生）への積極的支援―学校・家庭・地域との連携を通して. 自閉症スペクトラム研究実践報告第 4 集, 81-88.

三田典子（2017）巡回指導を活用した特別支援教育の充実を図る校内連携の構築―巡回指導教員の働きと校内システムに着目して. 東京学芸大学教職大学院年報, 6, 25-36.

文部科学省（2018）障害に応じた通級による指導の手引　改訂第 3 版. 海文堂出版, pp.48-49.

文部科学省初等中等教育局特別支援教育課（2016）高等学校における通級による指導の導入について. 文部科学省, 22.

文部科学省初等中等教育局特別支援教育課（2019）通級による指導の現状. 文部科学省, 2-3.

大城政之・笹森洋樹（2010）専門研究 D. 発達障害を対象とする通級指導と通常の学級との連携の在り方に関する研究. 独立行政法人国立特別支援教育研究所研究成果報告書, 特教研 A-268, 21-25.

大城政之・笹森洋樹（2011）専門研究 D. 発達障害を対象とする通級指導教室における支援の充実に向けた実際的研究―「発達障害を対象とした通級指導教室の基本的な運営マニュアル（試案）」の作成に向けて. 独立行政法人国立特別支援教育研究所研究報告書, 9.

高村哲郎（2019）特別支援学校の教員同士の連携. 星槎大学教職研究第, 4, 39-44.

The Japanese Journal of Autistic Spectrum 2021, Vol.18-2, 77-83

実践報告

知的障害を伴う自閉スペクトラム症児に対する トイレット・トレーニング
──トイレでの排尿習慣および適切な排尿姿勢の形成について──

Toilet training for an autistic spectrum child with intellectual disability: Developing the habit of urinating in a toilet and appropriate micturition posture

尾川周平（埼玉県立毛呂山特別支援学校／筑波大学大学院 人間総合科学学術院）

Shuhei Ogawa（*Saitama Prefectural Special Needs School / Graduate School of Comprehensive Human Sciences, University of Tsukuba*）

■要旨：本研究では、知的障害を伴う自閉スペクトラム症であり、県立特別支援学校の小学部4年に在籍する児童を対象にして、トイレット・トレーニングを実施した。対象児の1つ目の課題として、トイレでの排尿習慣が確立しておらず、紙オムツを着用して生活していた点が挙げられた。そこで、トイレでの排尿成功時に、強化刺激として対象児の好きな「崖の上のポニョ」の曲や動画を使用した。その結果、安定的にトイレで排尿できるようになり、紙オムツからパンツに切り替えて学校生活を送れるようになった。対象児の2つ目の課題として、排尿姿勢が挙げられた。対象児の排尿姿勢は、洋式トイレの便座の上に乗り、かかとを便座の上につけて、足を広げてしゃがんだ状態で排尿することが多かった。その理由として上記の姿勢を取ることにより、下腹部に力を入れやすくなり、排尿が促されやすくなることが推測された。そこで、洋式トイレの便座に臀部をつけて座った状態で、同様の姿勢を取れるように、一定の高さの足台を使用し、段階的に足台の高さを低くしていくことにした。その結果、洋式トイレの便座に臀部をつけて座った姿勢において、安定的に排尿できるようになってきた。

■キーワード：トイレット・トレーニング、排尿習慣、排尿姿勢、自閉スペクトラム症、知的障害

Ⅰ．問題の所在と目的

　Quality of life（以下、QOL）は、個人が生活する文化や価値観の中で、目標や期待、基準や関心に関連した人生の状況における認識である（World Health Organization; WHO, 1995）。QOL の向上という観点から、心身に障害のある人々にとって、排泄の自立は重要な課題である（保坂，2005）。中でも自閉スペクトラム症（以下、ASD）児においては、特定のトイレでないと排泄ができなかったり、オムツを履いたままでないと便器の上で踏ん張ることができなかったりするなど、トイレの問題が生じやすい（日本自閉症スペクトラム学会，2005）。

　本邦において、ASD 児を対象としたトイレット・トレーニングに関する取り組みが報告されており、一定の成果を上げている。安田・式部（2016）は、排泄の自立していない重度知的障害を伴う ASD 児に対して、絵カードによる視覚支援を用いた指導を行い、効果を示している。また、小林ら（2018）は、自宅以外で排尿行動をしないというこだわりを持つ ASD 児に対し、定時排尿法を用いた指導を行い、成果を上げている。

　本研究においては、排泄の自立していない知的障害を伴う ASD 児に対し、トイレット・トレーニングを行う。目的としては、①安定的にトイレで排尿できるようになり、紙オムツからパンツに切り替えて学校生活を送れるようになること、②適切な姿勢で排尿できるようになることの2点とした。

II. 方　法

1. 対象児

（1）成育歴

　乳児期においては、1歳の段階で歩行することができず、他者への反応が乏しかった。1歳半検診のフォローとして、保健センターで面談を行った結果、市の発育センターを紹介され、療育を開始した。幼児期においては、発語が見られず、模倣もほとんど見られなかった。保健センターの医師と面談を行い、2歳6カ月から月に2回の作業療法を開始した。睡眠障害があり、特に季節の変わり目に顕著に見られた。

（2）支援開始時の対象児

　県立特別支援学校の小学部4年に在籍する女児1名（以下、A児）を対象とした。本研究開始時のA児の生活年齢は9歳6カ月であり、知的障害およびASDを有していた。

　X年4月において、太田ステージを活用してA児の認知面の評価を行った。なお、太田ステージは、ピアジェの発達理論を参考にした上で、シンボル表象機能の発達段階を5段階に分けて評価を行う内容であり、ステージによってはさらに下位群に分類される（武藤, 2015）。評価の結果、A児の要求手段は主としてクレーン現象であり、ステージ I-2 であった。武藤（2015）によれば、ステージ I はシンボル機能が認められない段階である。その下位群であるステージ I-2 は、人への基本的な要求手段が単一であり、主としてクレーン現象が見られる段階である。また、丸や四角の型はめや2片パズルを行うことができた。言語面では、喃語が出ていたが、他者を志向した発声はあまり見られなかった。姿勢・運動面では、筋緊張が低く、椅座位は取れるものの、姿勢の保持に苦手さが見られた。また、歩行の不安定さが若干見られ、靴に足底板を入れて履いていた。感覚面では、聴覚過敏を有していたため、学校在校時はイヤーマフを装着していた。衛生面では、紙オムツを常時使用して生活していた。4月に学校で排便をすることはなかった。

　保護者と話をする中で、A児のトイレの自立についてのニーズが挙げられた。具体的には、A児は紙オムツを履いて日常生活を送っていたため、排便と排尿をトイレでできるようになり、紙オムツを外してパンツで生活できるようになって欲しいという保護者の願いであった。A児の前担任に確認すると、A児が小学3年生の際、保護者のニーズを踏まえ、学校在校時に定時排泄の練習を行っていた。A児が小学3年生の際に学校のトイレで排尿が成功した回数は数回であった。また、学校のトイレで排便が成功した回数は1～2回であり、紙オムツに排便をする場合がほとんどであったことから、排泄に一定の課題が残っていた。

2. 倫理的配慮

　保護者に研究内容の説明を行い、文書にて同意を得た。研究終了後、本研究の発表について保護者に説明し、同意を得た。性別における倫理的配慮から、トイレでの指導は筆者ではなく、同学年の女性教員が行った。

3. 支援期間

　支援期間は X 年 4 月～ X + 1 年 3 月の 12 カ月であった。支援の時間帯は、特別支援学校に在校している午前 9 時から午後 2 時 40 分までを原則とした。

4. 評価項目

　排尿に関する評価として排尿成功率を用いた。排尿成功率は、週単位において、学校在校時に排尿が成功した割合である。具体的には、「トイレでの排尿成功回数」を分子、「排尿回数」を分母にして割り算を行い、週単位で算出した。姿勢に関しては、「洋式トイレの便座に臀部をつけて排泄できたかどうか」「背筋を一定程度伸ばした状態で排泄できたか」の観点から評価した。

5. 支援経過及び支援の背景

　支援経過としては、紙オムツからパンツに切り替えて学校生活を送れるようになることを目的にして、紙オムツに排尿したことに対する気づきを高める支援を行った第 1 期（4 月下旬～ 6 月上旬）、トイレで定期的に排尿し、紙オムツからパンツに移行することを目的として強化刺激を用いた第 2 期（6 月上旬～ 10 月下旬）、トイレで適切な姿勢で排尿できることを目的とした第 3 期（10 月下旬～ 12 月）、安定的にトイレで排尿できるようになること及び適切な姿勢で排尿できることの定着を図った第 4 期（1 月～ 3 月）の 4 つの期間に分けた。

（1）事前評価

　A児の排尿の傾向を把握した結果、下記の傾向があることが分かった。

　登校前、A児の自宅において紙オムツに排尿があ

る場合、学校において午前中は排尿がなく、午後に排尿が1回ある傾向が見られた。逆に登校前、A児の自宅において紙オムツに排尿がない場合、学校において午前中に1回排尿があり、午後も排尿が1回ある傾向が見られた。

学校において排尿が1番多く見られた時間帯は、午後1時45分頃であった。ただし、給食を食べた後（午後1時頃）、すぐに排尿が見られる場合や排尿が複数回ある場合も見られた。

排尿がある場合、洋式トイレの便座の上に乗り、かかとを便座の上につけて、足を広げてしゃがんだ状態で排尿することが多かった。また、上記の姿勢において、しばらく経っても排尿がないため、紙オムツを履くことを教員が促したにもかかわらず、紙オムツを履くことを拒否する場合、その後すぐに排尿がある傾向が見られた。

紙オムツを履いている状態で排尿をした場合であっても、紙オムツを脱がずに履き続けていることが多く、排尿への気づきの弱さが推測された。

なお、4月のトイレにおける排尿成功率は6.3％であった。

A児の排尿の状況を踏まえ、下記2点を目標として支援を行うこととした。1つ目は、安定的にトイレで排尿できるようになり、紙オムツからパンツに切り替えて学校生活を送れるようになること、2つ目は適切な姿勢で排尿できるようになることである。

上記を踏まえ、第1期から第4期まで共通して、定時排尿法（小林他，2018）を用いて支援を実施した。定時排尿への誘導は、午前9時過ぎ（登校後）、午前11時過ぎ（2校時後）、午後1時過ぎ（給食後）、午後2時過ぎ（下校前）の4回を原則とした。

山田・竹村（2018）は、トイレット・トレーニングにおいて、保護者との連携が重要であることを指摘している。本研究においても、保護者と連携をしてトイレット・トレーニングに取り組んだ。具体的には、学校でのトイレット・トレーニングの取り組みや成功状況を保護者に直接伝えたり、連絡帳で伝えたりした。また、保護者から家庭での排泄の状況を主に連絡帳を通して情報を得た。

（2）第1期（4月下旬～6月上旬）

第1期は、紙オムツからパンツに切り替えて学校生活を送れるようになることを目的にして、紙オムツに排尿したことに対する気づきを高める支援を実施した。

4月22日の週より、A児がパンツを履いた状態で尿取りパットを入れるという支援を実施した。その背景として、A児がトイレではなく紙オムツに排尿をする要因の1つとして、排尿したことへの気づきの弱さが推測された。そのため、排尿したことへの気づきを促すことを目的にして、パンツを履いた状態で尿取りパットをいれた。結果として、排尿が出たことを伝えるサインが出ることはあまりなく、排尿への気づきの高まりほとんど見られなかった。そのため、5月24日に中止した。

5月27日の週より、排尿したことへの気づきを促すため、A児がパンツを履いた状態から、その上に紙オムツを履くという支援を実施した。

その結果、本取り組みのみでは、排尿成功率の向上は見られなかった。しかし、排尿が紙オムツに出た場合に下腹部を触るなど、少しずつ排尿が出たことを意識する様子が見られた。

（3）第2期（6月上旬～10月下旬）

第2期においては、トイレで定期的に排尿し、紙オムツからパンツに移行することを主な目的とした。そのためにトイレで排尿することに対して、強化刺激を用いる支援を実施した。また、排尿への気づきを引き続き高めるため、パンツを履いた状態から、その上に紙オムツを履く取り組みは継続した。

6月10日の週より、電子機器に本人が好きな「崖の上のポニョ」の曲をダウンロードしておき、排尿をトイレで行うことができた場合、その場ですぐに数十秒間、曲を聴かせることにした。これは、三項随伴性の理論の枠組みの中で、強化刺激（「崖の上のポニョ」の曲）を用いた取り組みであった。その結果、取り組み始めてからしばらくの間、排尿成功率の変化は見られなかった。1学期（4～7月）の排尿成功率は、平均して4.3％であった（図1参照）。

また、第2期における保護者との連携においては、学校の取り組みを保護者に直接伝えたり、内容をプリントにして渡したりした。具体的には、強化刺激（「崖の上のポニョ」の曲や動画）を用いた取り組みや学校で排尿の出やすい時間帯などを伝えた。それをもとにして、保護者の可能な範囲において、家庭でもトイレット・トレーニングに取り組んでもらった。

夏季休業中（7月下旬～8月）に排尿が成功した場合、保護者がA児の強化刺激として、「崖の上のポニョ」の曲をその場で聴けるようにした。また、手洗い後に部屋に戻ってから、さらなる強化刺激として、スマートフォンを用いてYouTubeを見て良いことにした。7月下旬から8月上旬までの期間、トイレでの

排尿の成功が1回見られた。8月中旬においては、2〜3日に1回の割合で、トイレで排尿が成功した。さらに、8月22日から31日までの期間、トイレでの排尿の成功が1日の中で複数回見られた。

夏休み明けの9月2日の週は66.7%の排尿成功率であり、排尿成功率の劇的な上昇が見られた。しかし、その翌週である9月9日の週から10月14日の週まで、排尿成功率は下降傾向にあった。その背景として、A児は強化刺激（「崖の上のポニョ」の曲）に飽きてしまい、強化刺激としての有効性が低下していることが推測された。そこで、新しい強化刺激として、「崖の上のポニョ」の動画を数十秒間、見せることにした。その際、「崖の上のポニョ」の動画の中でも、A児が特に好む場面を保護者に確認し、その場面を強化刺激として使用することにした。

10月21日の週より、トイレでの排尿成功時において、新しい強化刺激（「崖の上のポニョ」の動画）を使用したところ、排尿成功率は前週（10月14日の週）の28.6%から50.0%に上昇が見られた。また、この週から、学校生活においては、原則パンツで過ごすことにした。ただし、行事の社会体験学習や校外散歩など、学校の外に出る場合は、紙オムツを履く場合もあった。

また、9月2日の週以降、トイレでの排尿成功率の上昇が見られたが、1回あたりの排尿量は少ないこと（1秒未満）が多かった。そこで、1回あたりの排尿量を増やす取り組みを同時に行った。具体的には、排尿量が多い程、強化刺激である「崖の上のポニョ」の曲を聴ける時間（10月21日の週以降は、動画の視聴時間）を増やした。そうすると、1回あたりの排尿量に一定の増加が見られた。

(4) 第3期（10月下旬〜12月）

第3期の支援の目的は、適切な姿勢で排尿できるようになることにした。背景として、1学期（4月〜7月）において、トイレでの排尿成功率は、平均4.3%であったが、2学期前半（9月〜10月下旬）においては、トイレでの排尿成功率は42.1%であった（図1参照）。A児の排尿成功率に一定の改善が見られたため、次の段階に進むことにした。

A児がトイレで排尿が成功する場合、洋式トイレの便座の上に乗り、かかとを便座の上につけて、足を広げてしゃがんだ姿勢で排尿することが多かった。A児の今後の生活を鑑みた場合、洋式トイレの便座に臀部をつけて座って排尿できた方がQOLの向上が見込まれると考えられた。そこで第3期は、洋式トイレの便座に臀部をつけて座った姿勢で排尿できることを目標として支援を行った。なお、トイレで排尿が成功した場合、強化刺激として「崖の上のポニョ」の動画を数十秒間、見せることは継続して実施した。

A児がトイレで排尿が成功する場合に該当姿勢をとることが多い背景として、該当の姿勢をとることにより、下腹部に力を入れやすくなるため、排尿が促されやすくなることが推察された。そこで、洋式トイレの便座に臀部をつけて座った状態で、同様の姿勢を取ることができれば、排尿が促される可能性が高いと考えられた。その姿勢を取るために、発泡スチロールのブロック（以下、足台：縦18cm、横37cm、高さ9cm）を使用することにした。A児が足台の上に足を置くことにより、該当の姿勢と類似した姿勢になることが期待された。そのため、洋式トイレの便座に臀部をつけて座った姿勢においても、下腹部に力を入れやすくなり、排尿が促されることが推測された。

10月28日の週から、A児は3段の足台に足を乗せた状態で排尿に取り組んだ。1週間実施したところ、A児は足を使って足台を前後に動かす行動が見られ、排尿への注意が散漫になっている様子が見られた。足台が3段だと一定の高さがあるため、台として安定しにくいことに対し、A児は違和感がある様子であった。また、3段の足台に足を載せて排尿した場合、尿が便器の外に出てしまうケースが見られた。A児のこだわりとして、床や友達の机上が濡れていると、雑巾を取ってきて拭く等、普段濡れていないものが濡れることに対して忌避する様子が、2学期から見られるようになっていた。その後、A児はトイレに座った状態で排尿せず、一定時間後にパンツを履いた瞬間に排尿することが複数回見られた。この理由を三項随伴性の枠組みで検討すると、排尿で床が濡れることが嫌悪刺激になっており、その嫌悪刺激を避けるために意図的にパンツを履いた状態で排尿をした可能性が考えられた。

これらの背景から、11月4日の週から足台を2段に減らした上で、足台の上にバスタオルをかけることにした。そうすることで、比較的足台が安定するようになることに加え、足台に足を置いて排尿しても、床が濡れにくくなり、排尿に集中できるようになる等の効果が見込まれた。その後、トイレに座った状態で排尿せず、一定時間後にパンツを履いた瞬間に排尿することはあまり見られなくなった。

第3期の排尿成功率の平均は、71.5%であった。

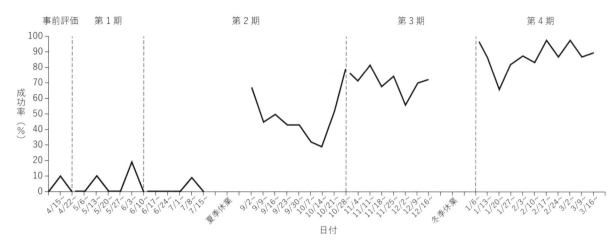

図1　排尿成功率の推移

（5）第4期（1月～3月）

　第4期では、安定的にトイレで排尿できるようになること及び適切な姿勢で排尿できることの指導を継続し、その定着を図った。

　第3期から引き続き、トイレで排尿が成功した場合、強化刺激として「崖の上のポニョ」の動画を数十秒間、見せることを実施した。また、適切な姿勢で、安定的にトイレで排尿できることを念頭に支援を行った。そこで、今まで2段だった足台を1段にした。そうすると、A児が自発的に排尿姿勢を試行錯誤し、洋式トイレの便座に臀部をつけて座った状態のままで、上半身を倒して下半身（大腿部）に密着させる姿勢を取って排尿するようになった。2月下旬には、足台を1段からなしにしたが、一定の排尿成功率が維持された。

　第4期の排尿成功率は89.9％であり、第1期から第4期の中で、最も成功率が高かった（図1参照）。また、1期から3期と比較して、1回あたりの排尿量の増加が見られた。

Ⅲ．考　察

　本研究においては、排泄の自立していない知的障害を伴うASD児に対し、トイレット・トレーニングを実施した。本研究の1つ目の目的は、A児がトイレで排尿できるようになり、パンツで学校生活を送れるようになることであった。第1期から第2期において、A児は紙オムツを履いて学校生活を送ったが、第2期の最終週からパンツを履いて生活できるようになった。

　1学期（4月～7月）における排尿成功率は4.3％、2学期前半（9月～10月下旬）における排尿成功率は42.1％であり、順調な排尿成功率の改善が見られた。また、第2期の10月において、紙オムツを履いていた期間における排尿成功率は41.3％、パンツに移行してからも、トイレでの排尿成功率は、第3期で71.5％、第4期で89.9％と順調な排尿成功率の推移であった。これらのことから1つ目の目的は概ね達成できたと考えられる。

　この背景として、2点挙げられる。1点目は、強化刺激（「崖の上のポニョ」の曲と動画）がA児に有効であった可能性が示唆される。これは、大友ら（1980）が、便器への排泄に対して、強化刺激を用意することが有効であるという指摘に沿ったものであった。

　ただし、6月10日の週に強化刺激（「崖の上のポニョ」の曲）の使用を開始したものの、効果が出るまでの期間がかなり空いている。その背景として、トイレでの排尿の成功と強化刺激（「崖の上のポニョ」の曲）が結びつくまでに時間がかかった可能性が推測される。A児は「崖の上のポニョ」の曲を好んでおり、該当の曲が入っている電子機器を教員に渡して、曲をかけるように要求する場面も見られたため、強化刺激としては一定の有効性があったと思われる。実際に9月において、「崖の上のポニョ」の曲が排尿の成功における強化刺激として一定の有効性を示していた。

　9月上旬に排尿成功率が劇的に上がった背景として、保護者との連携の成果が挙げられる。年間を通じて、学校でのトイレに関する取り組みについて、直接会ったときや連絡帳などを通じて保護者と情報交換を行った。1学期が終わり、7月下旬から8月という長期休業中も、保護者の協力の下、A児へのトイレッ

ト・トレーニングを実施することができた。保護者との連携により、1学期から夏休みにかけて継続的にA児に対するトイレット・トレーニングを行うことができたことが、9月上旬に排尿成功率が上がった要因であると考えられる。排尿などの生活に根差した習慣形成は、保護者との連携がない場合、長期休業中に対象児が学校での学習内容を忘れてしまう可能性が考えられる。そのため、生活に関する習慣形成の学習を学校で行う場合、特に保護者との連携が重要であると言えよう。

2点目は、A児の排尿への気づきが高まったことが挙げられる。4月の支援当初、紙オムツを履いている状態で排尿をした場合でも、そのまま紙オムツを脱がずに履き続けていることが多かった。しかし、A児がパンツを履いた状態から、その上に紙オムツを履くという支援を行うことで、排尿が紙オムツに出た場合に下腹部を触るなど、排尿への気づきが高まったと推測される。そのため、排尿への気づきを高めるために、パンツを履いた状態から、その上に紙オムツを履くという支援は、一定の有効性があったと考えられる。

本研究の2つ目の目的は、適切な姿勢で排尿できるようになることであった。足台を用いた支援を行うことにより、洋式トイレの便座に臀部をつけて座った姿勢においても排尿ができるようになった。そのため、A児への足台を用いた支援は、一定の有効性があったと考えられる。

また、第3期の初めは3段であった足台を順次減らしていき、第4期の初めに足台を1段にした。そうすると、A児が自発的に排尿姿勢を試行錯誤し、洋式トイレの便座に臀部をつけて座った状態のまま、上半身を倒して下半身（大腿部）に密着させる姿勢を取って排尿するようになった。その背景として、2つの理由が考えられる。

1つ目は、A児のこだわりに起因するものである。2学期以降、床や友達の机上が濡れていると、雑巾を取ってきて拭くなど、普段濡れていないものが濡れることに対して忌避するというこだわりが継続していた。そのため、当該姿勢で排尿することにより、尿がはねる等して床が濡れるという嫌悪刺激を避けられることが、当該姿勢をとった背景であると考えられる。

2つ目は、排尿のしやすさに起因するものである。当該姿勢をとることにより、下腹部に力を入れやすくなり、排尿しやすくなることが推察される。A児には筋緊張の弱さがあり、それを補うために上半身を倒して下半身（大腿部）に密着させる姿勢を取って排尿している可能性が考えられる。

筋緊張に対するアプローチの1つとして、感覚統合による支援が挙げられる。Bundyら（2006）によれば、筋緊張と固有感覚及び前庭感覚は密接に関連していることが指摘されている。そのため、前庭感覚及び固有感覚に対して、感覚統合によるアプローチを継続して行っていくことで、A児の筋緊張が高まり、今よりも背筋を伸ばした状態で排尿できるようになることが期待される。

謝辞：本研究の実施及び発表の許可を頂きましたA児のご家族の皆様に感謝申し上げます。また、実践計画の策定及び実践におきまして、多大なご協力を頂いた埼玉県立毛呂山特別支援学校の泉山千晶先生、岡村紗弥加先生に感謝申し上げます。

〈文　献〉

Bundy, A. C., Lane, S. J., & Murray, E. A.（編）土田玲子・小西紀一（監訳）（2006）感覚統合とその実践 第2版. 協同医書出版社.

保坂俊行（2005）肢体不自由を伴う一重度・重複障害児のトイレでの排尿行動の形成. 特殊教育学研究, 43(4), 309-319.

今本　繁・門司京子（2014）自閉症児に対する視覚的スケジュールとPECS（絵カード交換式コミュニケーションシステム）を用いたトイレのこだわり行動の減少とトイレ要求行動の形成. 自閉症スペクトラム研究, 12(3), 69-75.

小林重雄・小坂井翠・山本順大（2018）自閉スペクトラム児の排尿行動の学習―自宅以外での排尿習得をめぐって. 自閉症スペクトラム研究, 16(1), 33-36.

武藤直子（2015）自閉症治療の到達点 第2版. 太田昌孝・永井洋子・武藤直子（編）. 日本文化科学社.

武藤　崇・唐岩正典・岡田崇宏他（2000）トイレット・マネイジメント手続きによる広汎性発達障害児の排尿行動の形成―短期集中ホーム・デリバリー型の支援形態における機能アセスメントとその援助. 特殊教育学研究, 38(2), 31-42.

日本自閉症スペクトラム学会（2005）自閉症スペクトラム児・者の理解と支援―医療・教育・福祉・心理・アセスメントの基礎知識. 教育出版.

大友　昇・東　正・藤田継道他（1980）精神遅滞児の排泄指導に関する研究（2）―FoxxとAzrinのToilet Training Programの適用と検討. 国立特殊

教育総合研究所研究紀要, 7, 55-64.

World Health Organization (1995) The World Health Organization Quality of Life (WHOQOL). https://www.who.int/mental_health/publications/whoqol/en/

山田真衣・竹村眞理 (2018) トイレットトレーニング における支援体制に関する文献検討. 健康科学大学紀要, 14, 231-237.

安田敬子・式部陽子 (2016) 絵カードを用いた重度知的障害を伴う自閉症児へのトイレ指導. 自閉症スペクトラム研究, 13(2), 55-59.

The Japanese Journal of Autistic Spectrum 2021, Vol.18-2, 85-93

実践報告

自閉症スペクトラム障害児の感情調整に関する介入プログラム（PEACE）の開発
——支援合宿における予備的検討——

Developmental trial of program of emotional awareness for child empowerment for children with autism spectrum disorders: Based on a small sample in a support camp settings

山根　隆宏（神戸大学大学院人間発達環境学研究科）

Takahiro Yamane（*Graduate School of Human Development and Environments, Kobe University*）

石本　雄真（鳥取大学教員養成センター）

Yuma Ishimoto（*Teacher Education Center, Tottori University*）

松本　有貴（徳島文理大学人間生活学部）

Yuki Matsumoto（*School of Human Life Sciences, Tokushima Bunri University*）

辻井　正次（中京大学現代社会学部）

Masatsugu Tsujii（*School of Contemporary Sociology, Chukyo University*）

■要旨：自閉症スペクトラム障害児（以下、ASD）は不安や怒りなどの感情調整の問題を呈することが多い。本研究ではASD児の感情調整を支援するために、認知行動療法に基づくProgram of Emotional Awareness for Child Empowerment（PEACE）を開発し、予備的検討としてその効果を支援合宿における介入によって検証することを目的とした。7歳から17歳のASD児7名を対象にPEACEを実施し、介入前後で子どもの不安症状、情緒・行動上の問題、問題行動、親の精神的健康を測定した。その結果、全般性不安障害や情緒の問題、仲間関係の問題、内在化問題行動について有意な得点の低下がみられ、その効果量は中程度から大きなものであった。また親の精神的健康では有意な得点の上昇がみられ、効果量は中程度であった。したがってPEACEによるASD児の感情調整の問題への一定の効果が示された。PEACEのプログラムの構成要素やASDの特性に配慮した修正点についての効果や課題について考察を行った。

■キーワード：自閉症スペクトラム障害、感情調整、不安、怒り、認知行動療法

Ⅰ．問題の所在と目的

　自閉症スペクトラム障害（Autism Spectrum Disorder; ASD）児は、不安や怒りなどの感情調整の問題を多くもち、不登校等の不適応につながりやすい。発達障害児は高い不安症状をもつことが示されているが、その中でも特にASD児は不安症状が高く（van Steensel & Heeman, 2017）、国内の放課後等デイサービス（放デイ）に通う発達障害児203名を対象にした調査でも、ASD児の不安症状が特に高いとされている（Ishimoto et al., 2019）。

　不安の高さは日常的な活動を妨げる上に、不安自体が発達障害児を悩ませる（Muris et al., 1998）。また、不安の高さは友人や家族、教師といった周囲の人々との関係を貧弱にし（Kim et al., 2000）、社会的な交流の制約にもつながる。不安による社会的な交流の制約は、適切な社会的スキルを獲得したり不適切な社

的スキルを修正したりする機会を減らすであろう。それだけでなく不安の高さは対人関係において社会的な情報を読み取る能力の低下にもつながるものであり（Kleinhans et al., 2010）、不安の高さによって社会的スキルの獲得に困難が生じる。適切な社会的スキルを獲得していないことは不安症状を高めるため（Bellini, 2006）、対人関係上の困難と不安症状は相互に促進しあう関係となる（White et al., 2009）。これらのことから、ASD児の不安に対して早期対応や予防的対応を取り組む必要が考えられるだろう。

ASD児は不安の高さだけでなく怒りを経験することも多く、攻撃行動が多いことも示されている（Ho et al., 2012）。怒りや攻撃行動は教師や親からは問題行動とみなされ叱責や注意の対象になりやすく、自己評価の低下や外在化問題行動など二次的な問題へとつながりやすい。また、怒りや攻撃行動は周囲との良好な関係を妨げるため、このことでさらに社会的交流が阻害され、社会的スキルの発達も妨げられることになる。ASD児は感情を適切に調整することを苦手とするだけでなく、自己の感情に対する認識そのものが困難であることが示されており（Uljarevic & Hamilton, 2013）、このことが不安や怒りなどの感情の問題に適切に対処する上での課題になっていると考えられる。

ASD児の不安や怒りといった感情の問題については認知行動療法（Cognitive Behavioral Therapy; CBT）による介入の効果が確認されており、海外では多くのプログラムが開発されている（Sukhodolsky et al., 2013; Ung et al., 2015）。定型発達児向けのCBTをそのまま流用してもその効果はみられにくいことが明らかになっており、ASD児の認知特性や障害特性を考慮した修正や配慮が推奨されている（National Institute for Health and Care Excellence; NICE, 2013; Walters et al., 2016）。国内でも、社交不安障害を併発したASD女子を対象とした個別CBTの有効性を示す事例研究（石川他, 2012）やASDのある小中学生を対象にした集団CBTの感情理解の短期介入プログラムの効果（明翫他, 2016）が報告されている。

多くのCBTプログラムが有効性を示しているが長期的な介入が基本であり、プログラムの普及を見据えるとプログラムの簡略化や短期的な介入が必要である（明翫他, 2016）。また、ASD児はプログラムで学んだスキルを日常生活に般化させることが困難であり、親や教師等を介入に関与させることが重要である（Walters et al., 2016）。日常生活とは異なる医療機関や訓練施設での支援の場合、その効果は施設内に留

まり、家庭や学校場面で十分に発揮されない可能性が懸念される。さらには日常生活の般化には学んだスキルを利用していくことへの継続的な支援が必要であるが、外部の医療や心理の専門家による支援は一時的なものに留まりやすい。そのため、幅広い対応や般化を促す観点から、医療機関や専門機関だけでなく生活の場である学校や、近年広がりを見せる発達障害児の日常的な放課後の場である放デイ等で感情調整の問題への対応が取り組まれることが望ましい。教師等が特別支援学級や放デイなどで実施可能な、ASD児の感情調整の問題の軽減や予防に有効なCBTプログラムを開発できれば、ASD児のメンタルヘルスの向上や不安症状に伴う問題の予防や緩和に有用であろう。

ASDなどの発達障害児の感情調整を支援するために、CBTに基づく簡便なプログラムを開発するには、プログラムの構成要素の何が有効であるかを検証し、構成要素を精査していく必要がある。そこで、本研究では予備的検討として、プログラム構成がASD児の感情調整の問題に有効であるかを支援合宿における短期介入事例を通じて、検証することを目的とする。療育キャンプによる介入は短期的な介入に留まるものの、集中的な介入が可能であり、プログラムの効果的な構成要素を精査することに適していると考えられる。

Ⅱ．方　法

1．プログラムの開発

発達障害の支援を専門とする第一著者と認知行動療法やSocial and Emotional Learningを専門とする第二著者及び第三著者とが協議を重ね、発達障害児の不安を中心とした感情調整のスキル向上を目的とするプログラムProgram of Emotional Awareness for Child Empowerment（PEACE）を開発した。

開発の際は、定型発達児や発達障害児を対象とするプログラム（Barrett, 2010；渡辺, 2011など）を参考にした上で、NICE（2013）やWaltersら（2016）を参考にASDなどの発達障害の認知特性や障害特性に対応した内容・形式になるようにした。具体的には、言語情報処理の困難への対応として、言語情報を少なくする代わりに図や絵などの視覚的手がかりを用いたほか、認知的な制約や知的発達水準の程度を考慮し、自由回答だけではなく選択肢を設けた。

PEACEは主に感情調整と感情調整に先立つ感情認

識のスキルを向上させる内容で構成されている。感情認識に関しては、定型発達児を対象とするプログラムの構成要素を参考にし、感情の評価スケールを用いたほか、感情状態を反映する身体的な状態に意識を向ける説明を増やし、できるだけ具体的な形で感情認識が行えるように配慮を行った。感情調整に関しては、深呼吸のような一般的なリラクセーションや、自分への励ましなどのセルフトークに用いる具体的なフレーズの教示など使いやすい対策を扱った。

このほか、特に発達障害児への対応に限定されるものではないが、対象児の興味関心を高め、動機づけを維持するための工夫として、対象児が親しみを感じられるキャラクター「きなこ」を作成し、「きなこ」を用いたストーリーからセッションの内容を学べるようにした。また、出席やホームワーク、学んだスキルをシールで自身の記録帳に貯めていく形の、わかりやすいトークンを用意した。加えて、保護者の関心を高め、般化を目指した家庭内での取り組みを促すために、保護者向けに配付資料を用意した。

PEACE は特別支援学級や放デイを主な実施場所として想定していることから、短時間での実施が可能なように 20 分× 10 セッションの構成とした。プログラムの実施順序は Stallard（2002）の推奨に基づき生理・感情から認知、行動という流れで構成した。

2. 募集手続きと研究対象児

NPO 法人主催の発達支援事業である ASD 児を対象としたスキルトレーニングのための支援合宿で正会員・賛助会員を対象に参加募集を行った。支援合宿ではさまざまな種類の介入プログラムが用意されているが、その中でも第一著者らが担当するプログラムに参加した 9 名のうち、研究協力に同意し、かつ事前事後のアセスメントに回答した親子 7 名を分析対象とした。

対象児は 2016 年 8 月に開催された支援合宿に参加した ASD のある 7 歳から 17 歳までの児童 7 名（男子 4 名、女子 3 名）であり、平均年齢は 11.1 歳であった。所属や学年は小学校 2 年生が 1 名、3 年生が 2 名、4 年生が 1 名、中学校 2 年生が 1 名、特別支援学校高等部が 2 名であった。全員が児童精神科医または小児科医によって ASD（自閉症、アスペルガー障害、高機能自閉症を含む）の診断を受けていた。そのうち 2 名は注意欠如多動性障害の診断も有していた。知的発達水準は、IQ110 以上が 1 名、90 ～ 109 が 4 名、76 ～ 89 が 1 名、50 以下が 1 名であった。対象児の感情

調整や社会的スキルの問題に関して養育者に事前聴取を行ったところ、新奇場面や未知の体験、予定の見通しがもてないときなどに強い不安を覚えることや、やりたいことを止められるときや自分のペースを保てないとき、勝負に負けたときに苛立ちを感じ、対象児によっては暴言や暴力を行うなど、全体として感情調整の問題がみられた。また嫌な気持ちを他者に伝えることができずに我慢してしまうことや無理をして引き受けてしまうこと、困っていることを他者に伝えることができないなど、感情の適切な表出や援助要請に関する困難さが総じてみられた。

3. プログラムの実施形態

本プログラムを実施した支援合宿では、心理職や福祉職等の専門家スタッフと学生スタッフ、ASD 児らとともに 4 泊 5 日の合宿訓練を行っており、その内の午前中の 2 時間をプログラム実施にあて、集団セッションを 3 日間で実施した。プログラム実施時には ASD 児童 1 人あたり 1 ～ 2 名の学生スタッフまたは専門家スタッフが補助につき、第一著者が中心となってプログラムを実施した。なお、本プログラムの対象児と専門家・学生スタッフが同じ宿舎に宿泊し、プログラム以外のすべての活動に全体で参加した。ホームワークは合宿生活とプログラムの双方に補助についている学生スタッフを中心に、プログラム外で取り組んだ。

4. プログラムの構成要素

プログラムは感情理解や感情調整に関する心理教育と、不安や怒り等の感情の問題に関連した認知の再構成に働きかける認知的介入、リラクセーションによる感情調整や不安場面での適応的な行動を獲得するための社会的スキル訓練等の行動的介入の側面から構成された（表 1）。プログラムの具体的内容は以下の通りである。なお、実際は支援合宿の形態に合わせて、各回はセッションごとに休憩を挟みながら、3 ～ 4 セッションの内容を続けて実施した。

1 日目：第 1 回はメインの猫のキャラクターである「きなこ」が紹介される。提示された不安や怒りを表出している「きなこ」の例から、不安や怒りを表す言葉を多くみつける活動を行う。第 2 回は感情が表情や身体に表れることや、怒りや不安には同じ気持ちでも小さい、大きいなどの程度の違いがあることを「きなこ」の例や気持ちの程度を 5 段階で評定するアイテム（アイメーター）を用いて学ぶ。第 3 回は怒りなどに

表 1　プログラムの構成要素と内容

合宿	#	構成要素	内容
1日目	1	感情に関する心理教育①	調子（気分）の良いとき、悪いときに気づく／感情に種類があることを知る
	2	感情に関する心理教育②	感情の大きさ、小ささ／体に表れる感情のサイン
	3	メリットデメリット分析	感情的な行動と結果のつながり／感情的な行動の損得を考える
	4	リラクセーション	リラクセーション
2日目	5	感情に関する心理教育③	状況と感情の関連
	6	コーピング	肯定的なセルフトーク／タイムアウト
	7	認知再構成法①	感情を喚起させる状況における認知
3日目	8	認知再構成法②	不適応的な認知を適応的な認知への切り替え
	9	社会的スキル訓練	嫌だと伝えるスキル、困る状況でお願いするスキル
	10	ソーシャルサポート	サポート資源の確認／修了式

振り回されて感情的な行動をとった場合に、どのような結果が待っているかを「きなこ」のストーリーで考え、自身の感情的な行動とその結果のつながりについて考え、感情的な行動をとると得をしないことに気づく。第4回は呼吸法や筋弛緩法などのリラクセーションの方法を練習する。

2日目：第5回は感情と出来事がつながっていることや、同じ出来事でも異なる感情が生じ、怒りや不安以外の感情につなげられることに気づくことを目指す。第6回は怒りや不安を経験したときの対処法として、肯定的なセルフトークやタイムアウトなどの認知的・行動的対処を身につける。第7回は認知と感情が結びついていることを知るための前段階として、出来事に対する認知があることを学ぶ。

3日目：第8回は認知が感情と結びついていることを学ぶ。また、信号機のメタファーを用いて元気がでる考え（緑の考え）と元気がでない考え（赤の考え）の違いを学び、緑の考えに変えることで感情が変化し、肯定的な気持ちに変化することを学ぶ。第9回は「きなこ」の失敗場面を例に、感情に振り回されそうなときに相手に嫌だという感情を伝えることの重要性を学ぶ。また、スタッフによる劇を見本に、上手に嫌だという感情を伝える（主張する）スキル、上手に頼むスキルを身につける。第10回は困ったときは1人で対処するのではなく、誰かに相談することを学び、身近に自分を助けてくれるサポート資源を考える。最後にまとめとして修了式を行う。

その他に毎回ホームワークを実施した。その内容は合宿生活の中で自身の感情の記録し、その程度を評定することやリラクセーションの練習、セッションで学んだ認知的・行動的対処を他のスタッフに教えてみることや実際に練習する等であった。さらに対象児の担

当スタッフは、合宿生活中に対象児が不安や怒りの問題をみせた際、スキルの活用を促すことを心がけた。

5. 効果指標

（1）養育者による評定

①不安症状

親評定版のSpence Children's Anxiety Scale（SCAS-P; Nauta et al., 2004）の日本語版（Ishikawa et al., 2014）を、原著者と日本語版著者の許可を得て敬体に語尾を統一して使用した。「分離不安障害（6項目）」「社会恐怖（6項目）」「強迫性障害（6項目）」「パニック障害および広場恐怖（9項目）」「外傷恐怖（5項目）」「全般性不安障害（6項目）」の6因子、38項目からなる。「ぜんぜんない（0点）」から「いつもそうだ（3点）」の4件法で回答を求めた。

②情緒・行動上の問題

Strength and Difficulties Questionnaire（SDQ; Goodman, 1997）のウェブサイトにあるSDQ日本語版親評定フォーム（4歳～17歳用）を使用した。子どもの行動的・情緒的問題行動のスクリーニングのために開発された尺度である。「情緒（5項目）」、「行為（5項目）」、「多動・不注意（5項目）」、「仲間関係（5項目）」、「向社会性（5項目）」の5因子、計25項目からなる。ここ1カ月間について、「あてはまらない（0点）」から「あてはまる（2点）」の3件法で回答を求めた。向社会的行動を除く4つの下位尺度の得点を合計し、困難性総合得点を算出した。向社会的行動は得点が高いほど適応が良好であり、その他の尺度は得点が高いほど適応が悪いことを意味する。

③問題行動

幼児用問題行動尺度（保育者評定版；金山他, 2006）を用いた。項目数が少なく簡便に実施できる点

表 2　事前事後の効果指標の変化（平均値、*SD*）

		n	pre	post	*t*	g_{adj}
SCAS-P	分離不安障害	7	3.29 (2.21)	2.43 (2.82)	1.22	.32
	社会恐怖	7	4.71 (4.46)	4.29 (3.90)	.75	.10
	強迫性障害	7	2.14 (3.18)	.71 (.49)	1.20	.59
	パニック障害・広場恐怖	7	1.29 (1.70)	.14 (.38)	2.25 +	.87
	外傷恐怖	7	4.86 (2.61)	4.14 (3.13)	1.00	.23
	全般性不安障害	7	4.86 (2.04)	2.43 (1.51)	2.80 *	1.27
	全体得点	7	21.14 (11.33)	14.14 (9.51)	2.05 +	.63
SDQ	情緒	7	4.57 (2.07)	1.29 (1.50)	5.42 **	1.70
	行為	7	3.00 (2.58)	2.29 (2.50)	1.26	.26
	多動・不注意	7	6.00 (3.83)	4.86 (2.19)	1.22	.34
	仲間関係	7	5.57 (2.37)	3.57 (2.64)	2.90 *	.75
	向社会性	7	5.14 (1.68)	5.71 (1.50)	− 1.00	.34
	困難性総合得点	7	19.14 (5.84)	12.00 (5.69)	3.41 *	1.16
PBS	内在化問題行動	7	13.00 (5.48)	9.71 (4.31)	3.58 *	.62
	外在化問題行動	7	20.86 (9.06)	19.29 (7.80)	.76	.17
WHO-5		6	13.17 (6.68)	16.83 (5.49)	− 3.59 *	.55

** $p<.01$, * $p<.05$, + $p<.10$

と項目内容が就学児以上でも実施可能と判断し用いることにした。「外在化問題行動（8 項目）」「内在化問題行動（5 項目）」の 2 因子から構成され、「まったくみられなかった（1 点）」から「非常によくみられた（5 点）」の 5 件法で回答を求めた。

④親の精神的健康

WHO-Five Well-being Index（WHO-5; WHO, 1998）の日本語版（Awata et al., 2007）を使用した（5 項目）。最近 2 週間の状態について「いつも（5 点）」から「まったくない（0 点）」の 6 件法で回答を求めた。

⑤フェイスシート

対象児の性別、年齢、現在の診断名、知的発達水準について回答を求めた。

（2）測定時期

事前アセスメントはプログラム開始 1 カ月前に養育者に調査用紙を配付し、合宿当日に回収した。事後アセスメントは合宿終了後に養育者に調査用紙を配付し、支援合宿終了後 2 週間以内に郵送で回収を行った。

6.　倫理的配慮

対象児の養育者に対して、研究内容の説明と研究への協力は強制ではないこと、協力しない場合に不利益を被ることはないこと、個人情報の保護、研究協力に同意した後も同意を撤回できることを口頭および書面

にて説明し、書面にて同意を得た。なお、協力団体先および第二著者の所属する大学の研究倫理審査委員会による承認を得た上で研究を実施した。

Ⅲ.　結　果

1.　対象児の不安症状や情緒・行動上の問題の特徴

Ishimoto ら（2019）の 6 歳から 18 歳の ASD 児のコミュニティサンプルを対象とした調査と比較すると（前者が Ishimoto ら（2019）のデータ；後者が本研究の事前データとする）、SCAS-P では分離不安障害（4.14；3.29）や強迫性障害（3.09；2.14）が相対的に低く、社会恐怖（3.29；4.71）が高い得点を示した。

2.　事前事後の効果指標の比較

事前事後で測定した各効果指標について対応のある t 検定を行った。Hedges'*g* は正方向にバイアスがあることが知られており、特にサンプルサイズが小さいときに問題になりやすいため、効果量はバイアスを補正した g_{adj}（Hedges, 1981）を算出した（表 2）。その結果、SCAS-P では全般性不安障害の得点が有意に低下し、大きな効果量を示した（$p<.05$, $g_{adj}=1.27$）。SDQ では情緒（$p<.01$, $g_{adj}=1.70$）と仲間関係（$p<.05$, $g_{adj}=.75$）、困難性総合得点（$p<.05$, $g_{adj}=1.16$）

で有意に得点が低下し、効果量は中程度から大であった。問題行動尺度は内在化問題行動の得点が有意に低下し（$p<.05$, $g_{adj}=.62$）、効果量は中程度であった。WHO-5 は 1 名に欠損値がみられたため、6 名の母親の得点を事前事後で比較したところ、有意に得点が上昇し（$p<.05$, $g_{adj}=.55$）、効果量は中程度であった。

3. 対象児の経過とスタッフの関わり

　1 日目では、知的障害のある一部の対象児は、自発的に感情を表す言葉を多く挙げることが難しかったり、怒りや不安を全て 5 や 1 で評定するなど、感情の程度を把握するのが困難であった。スタッフが感情を表す言葉を見つけるためのヒントや表情のイラストを示したり、「A のときと B のときとではどちらが心配？」と声をかけて、感情を比較し程度の違いを考えてもらうことを心がけた。次に自分が感情に振り回された行動を振り返る活動では、多くの対象児が親や教師の注意を聞かずに自分のやりたい気持ちを優先することで結果的にさらに叱責されてしまう場面を挙げていた。ある対象児は日常的に多く経験しているにもかかわらず、「イライラしたことがない」など想起できない姿がみられたため、合宿中のイライラした場面を取り上げて考えてもらった。リラクゼーションの練習では、自発的に合宿中に試す児童や、イライラして手が出てしまいそうになった際にスタッフに促されて深呼吸をして落ち着く児童もみられた。さらに、ホームワークや学んだスキルをシールで記録帳に貯めていくことは好評で、多くの対象児がホームワークに熱心に取り組み、プログラム以外の場面でも学んだスキルを活かそうとする姿が多くみられた。

　2 日目は、まず色々な場面の「きなこ」の気持ちを推測させたところ、他人の感情は推測しやすいようで積極的な発表がみられた。次に順に自分についてある感情が生じる場面を発表してもらうと、想起しにくい対象児もみられたが、他児やスタッフのヒントを手がかりに発表をしていた。肯定的なセルフトークやタイムアウトを学んだところ、特に認知的対処（「まぁいいか」「なんとかなる」）は理解しやすく、対象児によっては実際に合宿中に使用して気持ちを落ち着かせる姿がみられた。最後に、同じ出来事でも考え（認知）によって感情が変わることを「きなこ」のストーリーで学び、自分がどんな考え（認知）をしやすいかを振り返った。スタッフの劇を用いて理解を補ったところどの対象児も興味を持って説明を聞くことができていた。

　3 日目では、元気がでる考え（緑の考え）を探す活動を行った。ほとんどの対象児は適切な元気のでる考え（緑の考え）を選んだり、自発的に考え出すことができていたが、知的障害を伴う対象児は考え（認知）を複数もつことや、考え（認知）を変化させることの困難さがみられた。次に、上手に嫌だと伝えるスキルや上手に頼むスキルのコツを学び、スタッフと個別でロールプレイを行った。合宿中に困った場面を題材に実際的に学んだため，プログラム後にも「これが嫌なんだよね。」とスタッフに話せたり、合宿中のイライラを言葉にできる対象児がみられた。最後に、身近に助けてくれる人を考え、まとめとして修了式を行った。身近に助けてくれる人は親といった家族だけでなく、スタッフを挙げる対象児もみられた。

Ⅳ. 考　察

1. プログラムによる対象児の情緒・行動面への効果

　プログラムの事前事後に測定した効果指標では、SCAS-P において全般性不安障害の得点に有意な得点の低下がみられ、かつその効果量は大きいものであった。感情に関する心理教育やリラクセーション、認知的対処といった対処法を学ぶことで、対象児の全般的な不安が減少したものと思われる。一方で SCAS-P では全般性不安障害以外の得点に事前事後で有意な差はみられなかった。このことは、第一に今回の対象児は全体的に強迫性障害やパニック障害・広場恐怖などの得点が比較的低く、そのような問題を呈していなかったため、プログラムの効果がみられなかったことが考えられる。第二に今回の PEACE では特定の不安場面を対象にした介入は行っていない点が関係していると考えられる。特に「こわい」などの恐怖感情については扱っていないことが考えられるだろう。さらには不安をターゲットした既存のプログラムはエクスポージャーをプログラムに組み込んでいるが、本研究では全般的な感情調整を目的としたためそのような要素を取り入れていないことからも、不安の低減効果が十分にみられなかったことも考えられる。

　SDQ ではプログラムの事前事後で情緒得点と仲間関係得点、困難性総合得点が有意に減少し、中程度から大きな効果量が示された。問題行動尺度においても、内在化問題行動でも有意な減少がみられ、中程度の効果量を示した。以上の結果から、SCAS-P と同様にプログラムによって対象児の不安や情緒的な不安定

さが低減したものと考えられる。一方で SDQ や問題行動尺度では、行為や多動・不注意、外在化問題行動において有意な得点差はみられなかった。また、社会的スキル訓練と関係すると思われる向社会性においても得点の上昇はみられなかった。事後アセスメントは長期休みの期間と重なったため、友人とかかわる機会がそもそも少ないことが考えられ、評定者である親が対象児の変化を認識できなかった可能性も考えられる。今後、社会的スキルの獲得や外在化問題行動に効果がみられるかを検討していく必要があるだろう。

2．プログラムの親の精神的健康への効果

　養育者の精神的健康を WHO-5 で測定したところ、プログラム前後で有意な得点の上昇がみられた。これはプログラムによって子どもの情緒的な不安定さや感情調整の問題が低下したことで、子どもの問題行動への対処に苦慮する機会が減り、養育者の精神的健康が向上したものと考えられる。また、親向けに配付した心理教育資料を通して、子どもの感情調整に関する問題への対処や関わり方について学んだことが親の心理的な安定につながった可能性も考えられる。一方で、一般的に不安を抱える臨床群の子どもとその親の不安の程度が相関することが示されており（Ozsivadjian et al., 2014）、ASD 児の不安の問題については、親の不安と子どもの不安が相互に関連しあう可能性も示唆されている（Sofronoff et al., 2005）。そのため、子どもの情緒の安定が直接的に親の情緒の安定につながる可能性も考えられる。親の精神的健康の向上がプログラムの効果や子どもの変化などとどのように関連しているかを今後は検討していく必要があるだろう。

3．プログラムの構成要素の精査

　本プログラムは ASD 児の不安や情緒、内在化問題などを中心に一定の効果がみられることが示されたため、PEACE のプログラム要素は一定の効果を有する妥当なものと考えられる。しかしながら、効果がみられた一方で、実践上の課題点もいくつかみられた。以下にプログラム要素ごとに考察を行う。

　本プログラムは感情に関する心理教育から始まる構成とした。既存のプログラムでは同様の流れを採用している（Stallard, 2002 など）。ASD 児は自己の感情に対する認識が難しく（Uljarevic & Hamilton, 2013）、自らの感情を他者に共有できるように言語化することを自然に学ぶことが困難である。そのため本プログラムのように、感情表現のレパートリーを増や

すことや、感情と身体のつながりの理解を促す心理教育は重要な介入要素であろう。実際に対象児によっては、自発的には感情を表す言葉を多く挙げることができない児童もみられたため、支援者側の丁寧な個別の配慮と補足説明が必要であると考えられる。

　2 日目と 3 日目にかけて認知再構成法の要素を採用し、状況や場面に対してさまざまな考え（認知）があること、その考えによって感情が変化すること、適応的な考えを見つけることで感情もポジティブに変わることを学ぶようにした。既存のプログラムの対象者は高機能 ASD を前提としていることが多く（Walters et al., 2016）、NICE（2013）なども一定の言語能力と認知能力の条件を満たした場合に CBT を推奨している。本研究においても知的障害のある対象児は考え（認知）を扱う活動では理解の難しさがみられた。一方で、知的障害のある対象児でも認知的対処は実際に合宿中に使用して気持ちを落ち着かせる姿がみられ、スキル習得の有効性もみられた。そのため複数の考え（認知）が存在することを理解し、その選択肢を増やすような認知的な柔軟性を高めることに介入の比重を置くことや、肯定的なセルフトークの活用、あるいは認知を扱わずに行動的な対処法を学習させる（Sofronoff et al., 2005）など、知的障害のある ASD 児へ実践ではアプローチに工夫が必要であろう。

　本プログラムでは感情調整の対処法として呼吸法や筋弛緩法などのリラクセーションの習得を重視し、セッション以外でも練習し、実際に活用できるようにスタッフが促すことをした。ASD 児者への感情調整や不安をターゲットとしたプログラムでは、リラクセーションセッションを組み込む重要性が挙げられている（Walters et al, 2016）。介入の結果、自発的にリラクセーションを合宿中に行う児童や、イライラして手が出てしまいそうになった際にスタッフに声をかけてもらい思い出して深呼吸をして落ち着く児童もみられた。後者のような児童については、自身の感情や身体の変化に気づきにくく、それゆえ自発的にリラクセーションを行うことの困難さが考えられるため、支援者や親などの周囲の般化の促しが重要であるだろう。

　さらに本研究では親を対象に心理教育資料を配布した。子どもがプログラムで学んだことや、子どもの情緒に関する問題への対処法を親が理解することは、家庭などのセッション外で子どもがプログラムで学んだスキルの活用を促し、維持することにつながると思われる。実施上の制約や親側の負担を考慮に入れて、親

セッションを行わずに、このような形式にしたが、親の精神的健康の向上など一定の効果もみられたため、親セッションを行えない場合など代替方法としては、このような工夫は有効であると考えられる。

4. 本研究の限界と今後の課題

　本研究はプログラムの構成要素の精査や効果を予備的に検証することが目的であったことと現実的な制約から対照群を設定できず、介入後のフォローアップ時の効果指標も測定できていない。PEACE の効果や効果の維持を検証していくためには対照群の設定やフォローアップデータの収集など、より精緻な研究デザインによる検証を行っていくことが必要である。またPEACE は特別支援学級や放デイ等での実装を目指したものであるが、本研究はあくまで支援合宿における短期的介入であり、そのような場における実践とは異なる点が多い。本研究で得られたプログラムの効果が放デイや特別支援学級でも同様にみられるか、またプログラムの実施可能性を検証していく必要がある。

　付記：本研究にご協力いただいたアスペ・エルデの会会員の皆様、プログラムの実施に協力をいただきました、丸川里美様、堀兼太郎様など、アスペ・エルデの会のスタッフに感謝申し上げます。本研究の概要は The 47th Congress of the European. Association for Behavioural and Cognitive Therapeis にて発表した。本研究は JSPS 科研費 JP15K04160 の助成を受けた。

〈文　献〉

Awata, S., Bech, P., Koizumi, Y. et al. (2007) Validity and utility of the Japanese version of the WHO-Five Well-Being Index in the context of detecting suicidal ideation in elderly community residents. International Psychogeriatrics, 19, 77-88.

Barrett, P. M. (2010) FRIENDS for Life for Children. Barrett Research Resources Pty Ltd.

Bellini, S. (2006) The development of social anxiety in adolescents with autism spectrum disorders. Focus on Autism and Other Developmental Disabilities, 21, 138-145.

Goodman, R. (1997) The strengths and difficulties questionnaire: A research note. Journal of Child Psychology and Psychiatry, 38(5), 581-586.

Hedges, L. V. (1981) Distribution theory for Glass's estimator of effect size and related estimators.

Journal of Educational Statistics, 6(2), 107-128.

Ho, B. P., Stephenson, J., & Carter, M. (2012) Anger in children with autism spectrum disorder: Parent's perspective. International Journal of Special Education, 27(2), 14-32.

Ho, B. P., Stephenson, J., & Carter, M. (2015) Cognitive-behavioural approach for children with autism spectrum disorder: A literature review. Journal of Intellectual and Developmental Disability, 40(2), 213-229.

石川信一・下津紗貴・下津咲絵他（2012）自閉症スペクトラム障害に併存する社交不安障害に対する認知行動療法. 児童青年精神医学とその近接領域, 53, 11-24.

Ishikawa, S., Shimotsu, S., Ono, T. et al. (2014) A parental report of children's anxiety symptoms in Japan. Child Psychiatry & Human Development, 45, 306-317.

Ishimoto, Y., Yamane, T., & Matsumoto, Y. (2019) Anxiety levels of children with developmental disorders in Japan: Based on reports provided by parents. Journal of Autism and Developmental Disorders, 49, 3898-3905.

金山元春・中台佐喜子・磯部美良他（2006）幼児の問題行動の個人差を測定するための保育者評定尺度の開発. パーソナリティ研究, 14(2), 235-237.

Kim, J. A., Szatmari, P., Bryson, S. E. et al. (2000) The prevalence of anxiety and mood problems among children with autism and asperger syndrome. Autism, 4(2), 117-132.

Kleinhans, N. M., Richards, T., Weaver, K. et al. (2010) Association between amygdala response to emotional faces and social anxiety in autism spectrum disorders. Neuropsychologia, 48(12), 3665-3670.

明翫光宜・丸川里美・新堂裕紀美他（2016）自閉症スペクトラム障害児に対する感情理解の短期介入プログラムの開発. 小児の精神と神経, 56, 233-241.

Muris, P., Steerneman, P., Merckelbach, H. et al. (1998) Comorbid anxiety symptoms in children with pervasive developmental disorders. Journal of Anxiety Disorders, 12(4), 387-393.

National Institute for Health and Care Excellence (2013) Autism: The management and Support of Children and Young People on the Autism

Spectrum. National Institute for Health and Care Excellence.

Nauta, M. H., Scholing, A., Rapee, R. M. et al. (2004) A parent-report measure of children's anxiety: Psychometric properties and comparison with child-report in a clinic and normal sample. Behaviour Research and Therapy, 42, 813-839.

Ozsivadjian, A., Hibberd, C., & Hollocks, M. J. (2014) The use of self-report measures in young people with autism spectrum disorder to access symptoms of anxiety, depression and negative thoughts. Journal of Autism and Developmental Disorders, 44(4), 969-974.

Sofronoff, K., Attwood, T., & Hinton, S. (2005) A randomized controlled trial of a CBT intervention for anxiety in children with asperger syndrome. Journal of Child Psychology and Psychiatry, 46, 1152-1160.

Stallard, P. (2002) Think Good, Feel Good: A Cognitive Behavioural Therapy Workbook for Children and Young People. John Wiley & Sons.

Sukhodolsky, D. G., Bloch, M. H., Panza, K. E. et al. (2013) Cognitive-behavioral therapy for anxiety in children with high-functioning autism: A meta-analysis. Pediatrics, 132(5), e1341-e1350.

Uljarevic, M. & Hamilton, A. (2013) Recognition of emotions in autism: A formal meta-analysis. Journal of Autism and Developmental Disorders,

43(7), 1517-1526.

Ung, D., Selles, R., Small, B. J. et al. (2015) A systematic review and meta-analysis of cognitive-behavioral therapy for anxiety in youth with high-functioning autism spectrum disorders. Child Psychiatry & Human Development, 46(4), 533-547.

Walters, S., Loades, M., & Russell, A. (2016) A systematic review of effective modifications to cognitive behavioural therapy for young people with autism spectrum disorders. Review Journal of Autism and Developmental Disorders, 3(2), 137-153.

渡辺弥生 (2011) 考える力、感じる力、行動する力を伸ばす　子どもの感情表現ワークブック. 明石書店.

White, S. W., Oswald, D., Ollendick, T. et al. (2009) Anxiety in children and adolescents with autism spectrum disorders. Clinical Psychology Review, 29(3), 216-229.

WHO Regional Office for Europe (1998) Well-Being Measures in Primary Health Care/the Depcare Project: Report on a WHO Meeting. Stockholm, Sweden 12-13 Feburuary 1998. WHO Regional Office for Europe.

van Steensel, F. J. & Heeman, E. J. (2017) Anxiety levels in children with autism spectrum disorder: A meta-analysis. Journal of Child and Family Studies, 26(7), 1753-1767.

事務局報告（令和2年度後半）

＊コロナによる京都女子大研究大会の中止に伴い、予定されていた資格認定委員会が開催できず、8月末に資料郵送、ハガキによる認定となった。

また、理事会・評議員会も開催できず、9月末資料郵送によりハガキによる議決とした。

第10回常任理事会の開催

場所：オンライン会議にて実施

日時：令和2年11月7日（日）10時〜11時半

出席者：五十嵐一枝・市川宏伸・井上雅彦・近藤裕彦・髙原朗子・高村哲郎・千田光久・寺山千代子・平谷美智夫・本田秀夫・吉川徹

1）議事

（1）資格認定講座の方向性（今年度開催分と来年度支部認定講座）について

（2）次期大会について（2021年8月28日・29日予定）

（3）令和2年度役員の変更について

2）報告

（1）自閉症スペクトラム研究　第18巻第1号発刊

（2）選挙管理委員会発足

（3）研究奨励賞・実践研究賞選考について

（4）会報61号発行について

（5）その他

第11回常任理事会の開催

場所：オンライン会議にて実施

日時：令和3年2月6日（日）10時〜11時半

出席者：安達潤・五十嵐一枝・市川宏伸・井上雅彦・近藤裕彦・髙原朗子・高村哲郎・寺山千代子・平谷美智夫・吉川徹

1）議事

（1）2020年度活動報告・途中会計報告および2021年度活動予定・予算案（仮）について

（2）3月の資格認定講座と来年度支部認定講座について

2）報告

（1）20周年記念誌について

（2）研究奨励賞・実践研究賞決定

（3）次期オンライン研究大会準備の経過

（4）会報62号の発行

（5）「世界自閉症啓発デー」（令和3年4月2日）、「発達障害啓発週間」（令和3年4月2日〜8日）について

『自閉症スペクトラム研究』編集規程および投稿規程 （2020 年 9 月 30 日改定）

編集規程

1. 本誌は日本自閉症スペクトラム学会の機関誌であり、医療、教育、福祉、司法など分野を問わず、自閉症スペクトラムに関連する領域の支援者にとって有用で質の高い情報を提供するものである。論文種別は、自閉症スペクトラムおよび関連領域の原著論文、総説、実践研究、資料、実践報告、調査報告である。なお、原著論文とは理論、臨床、事例、実験、調査などに関するオリジナリティの高い研究論文をいう。
2. 投稿の資格は本学会会員に限る。ただし、共著者および常任編集委員会による依頼原稿についてはその限りではない。
3. 投稿原稿は未公刊のものに限る。
4. 原稿掲載の採否および掲載順は編集委員会で決定する。編集にあたり、論文の種別の変更、および字句や図表などの修正を行うことがある。
5. 投稿規程に示した枚数を超過したもの、写真、色刷り図版など、印刷に特に費用を要するものは著者の負担とする。
6. 本誌に掲載された論文などの著作権は本学会に属する。
7. 実践内容や事例の記述に際しては、匿名性に十分配慮すること。
8. 研究は倫理基準に則り、対象者にインフォームド・コンセントを得るとともに、その旨を論文中に明示すること。
9. 当事者や家族などの近親者からの投稿について、研究発表の権利を保障するとともに、対象者の人権やプライバシーなどへの対処が必要とされる場合には、常任編集委員会で検討を行い、会長が判断する。

投稿規程

1. 原稿は原則としてワードプロセッサーを用い、A4 用紙 1,200 字に印字し、通しページを記す。本文・文献・図表・要旨をすべて含めた論文の刷り上がりは、8 頁（約 16,000 字）を上限とする。
2. 投稿の際は、元原稿とコピー 3 部に投稿票（投稿 1）。著者全員の投稿承諾書（投稿 2）を添えて提出すること。掲載決定後、テキスト形式で本文と図表（写真含む）を入れた電子媒体（CD-R、他）を提出する。原稿は原則として返却しない。
3. 原稿の句点は（。）、読点は（、）を用いる。
4. 図表は 1 枚ずつ裏に番号と天地を記し、図表の説明文は別の用紙に一括する。図表の挿入箇所は本文の欄外に、図〇、表〇と朱書きする。
5. 外国の人名、地名などの固有名詞は原則として原語を用いる。
6. 本文の冒頭に、和文要旨（624 字以内）を記載する。調査報告、実践報告以外の投稿区分においては和文要旨に加えて英文要旨と和訳を別の用紙に記載する。本文は、原則として、問題の所在および目的、方法、結果、考察、結論、文献の順に並べ、最後に表、図、図表の説明文を付す。
7. 本文中に引用されたすべての文献を、本文の最後に著者のアルファベット順に並べ、本文中には著者名と年号によって引用を表示する。

    文献欄の表記の形式は、雑誌の場合は、「著者名（発行年）題名. 雑誌名, 巻数（号数）, 開始ページ－終了ページ.」とし、単行本等からの部分的な引用の場合は、「引用部分の著者名（発行年）引用部分の題名. 図書の著者名, または編者名（編）書名. 発行社名, 最初のページ－最終ページ.」とする。

    インターネット上の情報の引用はできるだけ避け、同一の資料が紙媒体でも存在する場合は、紙媒体のものを出典とすることを原則とする。ただし、インターネット上の情報を引用する場合には、その出典を明記するとともに、Web 上からの削除が予想されるので、必ずコピーをとって保管し、編集委員会からの請求があった場合、速やかに提出できるようにする。インターネット上の情報の引用は著者名（西暦年）資料題名. サイト名, アップロード日, URL（資料にアクセスした日）とする。

    本文中の引用では、筆者の姓、出版年を明記する。著者が 2 名の場合は、著者名の間に、和文では「・」を、欧文では「&」を入れる。3 名以上の場合は、筆頭著者の姓を書き、その他の著者名は「ら」（欧語の場合 "et al."）と略す。カッコ中に引用を列挙する場合は、引用順を文献欄の順に準ずる。

    ■文献欄の表記の例
    和文雑誌：
    　中根　晃（2000）高機能自閉症の治療と学校精神保健からみた診断困難例. 臨床精神医学, 29, 501-506.
    欧文雑誌：
    　Klin, A., Volkmar, F. R., Sparrow, S. S. et al. (1995) Validity and neuropsychological characterization of asperger syndrome: Convergence with nonverbal learning disabilities syndrome. Journal of Child Psychology and Psychiatry, 36, 1127–1140.
    訳書のある欧文図書：
    　Ornitz, E. M. (1989) Autism at the interface between sensory and information processing. In Dawson, G. (Ed.) Autism: Nature, Diagnosis, and Treatment. The Guilford Press, pp.174–207. （野村東助・清水康夫監訳（1994）自閉症―その本態, 診断および治療. 日本文化科学社, pp.159–188.）

インターネットの資料：
中央教育審議会（2012）共生社会の形成に向けたインクルーシブ教育システム構築のための特別支援
教育の推進（報告）．文部科学省，2012 年 7 月 23 日，http://www.mext.go.jp/b_menu/shingi/chukyo/
chukyo3/044/attach/1321669.htm（2020 年 6 月 15 日閲覧）．
The Japanese Association of Special Education（2010）Organization. The Japanese Association of
Special Education, January 28, 2010, http://www.jase.jp/eng/organization.html（Retrieved October 9,
2010）.

　■本文中の引用の例
　…と報告されている（Bauman & Kemper, 1985 ; Dawson et al., 2002）。
　吉田・佐藤（1996）および、中山ら（2002）によれば、…

8. 印刷の体裁は常任編集委員会に一任する。
9. 原稿送付先　〒 112-0005　東京都文京区水道 1-5-16　升本ビル
　　　　　　　　金剛出版　「自閉症スペクトラム研究」編集部
　　　　　　　　（電話 03-3815-6661　FAX 03-3818-6848　e-mail : ttateishi@kongoshuppan.co.jp）

「自閉症スペクトラム研究」投稿票

論文の種類：下記の中からひとつを選び、○で囲む

原著論文　　総説　　実践研究　　資料　　実践報告　　調査報告

その他（　　　　　　　　　　　　　　）

論文の題名：_____

　　　　　　　_____

　　　　　　　_____

　　（英訳）：_____

　　　　　　　_____

　　　　　　　_____

　　　　　　　_____

筆頭著者氏名：_____　　**所属**：_____

　（英訳）：氏　名_____

　　　　　所　属_____

共著者氏名　：_____　　**所属**：_____

　（英訳）：氏　名_____

　　　　　所　属_____

共著者氏名　：_____　　**所属**：_____

　（英訳）：氏　名_____

　　　　　所　属_____

共著者氏名　：_____　　**所属**：_____

　（英訳）：氏　名_____

　　　　　所　属_____

（足りない場合は別紙を使用する）

第1著者の住所：〒_____

　　　　　　　いずれかに○印を付ける（**自宅・勤務先**）

　　　　　　　TEL_____　　FAX_____

　　　　　　　e-mail_____

キーワード（3～5語）：

　（和文）①_____　②_____　③_____

　　　　　④_____　⑤_____

　（英訳）①_____　②_____

　　　　　③_____　④_____

　　　　　⑤_____

投 稿 承 諾 書

　下記の論文を「自閉症スペクトラム研究」に投稿いたします。本論文が掲載された場合、その著作権は日本自閉症スペクトラム学会に帰属することを承認いたします。なお、本論文は他紙に掲載済みのもの、あるいは掲載予定のものではありません。

筆頭著者：氏　名＿＿＿＿＿＿＿＿＿＿＿＿＿＿㊞
　　　　　所　属＿＿＿＿＿＿＿＿＿＿＿＿＿＿＿＿＿＿＿＿

論文の題名：＿＿＿＿＿＿＿＿＿＿＿＿＿＿＿＿＿＿＿＿＿＿＿＿＿＿＿＿＿＿＿＿

　　　　　　＿＿＿＿＿＿＿＿＿＿＿＿＿＿＿＿＿＿＿＿＿＿＿＿＿＿＿＿＿＿＿

共 著 者：氏　名＿＿＿＿＿＿＿＿＿＿＿＿＿＿㊞
　　　　　所　属＿＿＿＿＿＿＿＿＿＿＿＿＿＿＿＿＿＿＿＿

共 著 者：氏　名＿＿＿＿＿＿＿＿＿＿＿＿＿＿㊞
　　　　　所　属＿＿＿＿＿＿＿＿＿＿＿＿＿＿＿＿＿＿＿＿

共 著 者：氏　名＿＿＿＿＿＿＿＿＿＿＿＿＿＿㊞
　　　　　所　属＿＿＿＿＿＿＿＿＿＿＿＿＿＿＿＿＿＿＿＿

共 著 者：氏　名＿＿＿＿＿＿＿＿＿＿＿＿＿＿㊞
　　　　　所　属＿＿＿＿＿＿＿＿＿＿＿＿＿＿＿＿＿＿＿＿

共 著 者：氏　名＿＿＿＿＿＿＿＿＿＿＿＿＿＿㊞
　　　　　所　属＿＿＿＿＿＿＿＿＿＿＿＿＿＿＿＿＿＿＿＿

共 著 者：氏　名＿＿＿＿＿＿＿＿＿＿＿＿＿＿㊞
　　　　　所　属＿＿＿＿＿＿＿＿＿＿＿＿＿＿＿＿＿＿＿＿

共 著 者：氏　名＿＿＿＿＿＿＿＿＿＿＿＿＿＿㊞
　　　　　所　属＿＿＿＿＿＿＿＿＿＿＿＿＿＿＿＿＿＿＿＿

＿＿＿＿＿＿年＿＿＿＿＿＿月＿＿＿＿＿＿日　提出

投稿論文の作成の手引き

1. 投稿された原稿は、査読の上で掲載の可否を決定する。また、掲載順は編集委員会が決定する。
   原稿の内容・表現の仕方などについて、専門家による校閲が行われるため、投稿者による検討により多少の変更が生じる場合がある。

2. 原稿は、ワードプロセッサーで作成するものとし、A4版横書きで作成する。本文の1ページ内の書式は24字×45行×2段（明朝体、欧文綴りや数字は半角）とする。ただし、表題入りページは下図のようにする。句読点は「、」「。」を使用する。原稿には通しページをつける。

3. 論文の分量は、原則として刷り上がり8ページ（図表、参考文献も含む）を上限とする。

4. 原稿の最初のページの表題部分は、①題目（ゴシック体15ポイント）、②著者名（ゴシック体9ポイント）、③所属（ゴシック体9ポイント）を日本語で記載する。また、①〜③についての英語表記（欧文書体8ポイント）を記載する。

5. 表題の下の『要旨』は624文字以内で記載し、またその下の『キーワード』は3〜5語で記載する。

6. 見出し（ゴシック体11ポイント）と小見出し（ゴシック体9ポイント）には、段落番号を以下の順番で振る。下位の段落番号は必要に応じて使用する。

　　　　Ｉ．　→　1.　→　(1)　→　①　→　a)

　　　　見出し11ポイント　　　　以下小見出し9ポイント

7. 挿図がある場合は、図中の文字や数字が直接印刷できるように鮮明に作成する。図や表にはそれぞれに通し番号とタイトルをつけ、本文とは別に番号順に一括する。

   例：表1◇◇◇◇（表の上に記載　8ポイント　ゴシック体　表の幅で中央揃え）
   　　図1◇◇◇◇（図の下に記載　8ポイント　ゴシック体　図の幅で中央揃え）

8. 文献は、本文に用いられたもののみをあげ、著者のアルファベット順に本文の最後に一括記載する。

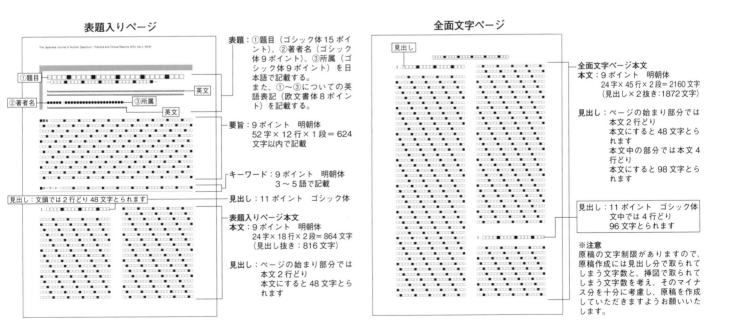

原著における事例研究、実践研究、実践報告の原稿作成にあたって

　「原著における事例研究」、「実践研究」または「実践報告」の原稿作成にあたっての基本的な構成、文献記載の仕方等の諸注意を記述する。必要に応じて参考にすること。なお、これらの研究・報告論文は、実践対象となる人々に対してあるべき指導・支援や環境設定を探求するものであり、また、指導・支援者にとっては実践を進めていくための手がかりになることをねらいとしている。そのため、できるだけ客観性やわかりやすさに留意して執筆すること。ここでは「特異例の症例報告」や「小集団指導報告」（小林，2012）ではない指導を中心におく論文作成について説明する。

1. 投稿者は　1）原著論文、2）実践研究、3）実践報告　のいずれかを明記する（査読者・編集委員会の判断により変更を要請することがある）。
2. 投稿原稿作成にあたっては「投稿規定」「作成手引き」に原則的に従う。
3. 事例をとりあげる際には個人が特定されないようプライバシーの保護に最大限留意し、対象者や保護者、場合によっては所属機関について文書による承諾を得なければならない。対象者の年齢、障害の種類や程度によっては説明の理解、署名が困難な場合があり、その場合は保護者による代諾となるが、著者はできるだけ対象者本人にわかりやすく説明する努力を行う。
   1) 原著における事例研究：先行研究のレビューが適切になされ、新たな発見や証明などに関する学術的な独創性が見られること；①対象者が特にユニークな特徴を持ち、それらをどのように分析し、アプローチを考案したか。②アプローチの場の設定や教材・器具などに、またアセスメントや指導・支援の目標・手順・技法などに積極的な新機軸が認められるか。③指導・支援の実践・記録・考察が高レベルであると判断できるか、などについて明確に記述されていると判断されることがポイントとなる。
   2) 実践研究：先行研究のレビューが適切になされていること、しかし新たな発見や証明などに関する学術的な独創性については厳しく問わない。先行資料（研究論文・実践研究など）と同様の方法・手順・分析であってもよい。対象事例、指導手続きが具体的に記述され、データはできるだけ客観的な指標を用い、考察は先行研究と対比されてなされていること。
   3) 実践報告：先行研究のレビューや独創性は必須ではないが「作成手引き」に従って体裁が整えられ、実務に従事する会員が「教材」「指導法」その他についてヒントを得たりするなどのメリットが期待される。
4. 原著論文における事例研究、実践研究、実践報告にあっては、単一事例または小集団例の研究が中心となるが、学級集団などのグループ指導も含まれる。いずれの場合においても対象者や集団の生き生きとしたイメージの記述が期待され、読者（会員）の参考となり得るものが要請される。

【基本的な構成】

Ⅰ．問題の所在と目的
　問題提起と本稿での報告目的を述べる。その際、できるだけ関連する先行研究を引用しながら、実践の位置づけや根拠を述べることが望ましい。

Ⅱ．方法
　以下の項目を参考にしながら、対象者、指導や支援の方法について具体的に述べる。対象者の記述に関しては個人が特定されないよう留意した表現を用いるとともに、対象者（代諾者）からの許諾とその方法について明記する。

　1.対象者：基本事項（年齢・性別・所属）・主訴・生育史
　2.アセスメント
　　1) 対象者と環境、そしてそれらの相互作用の評価と理解
　　2) 目標と仮説：指導・支援の方向・手順・場の提案
　　　（1）指導・支援の実際1：アプローチの方法と技法

（2）指導・支援の実際2：評価

Ⅲ. 結果（経過）

結果または経過について具体的、実証的に記述する。その際、実践の開始前や開始当初の実態が示されていると、参加者の変容や指導・支援の成果を確認しやすい。また、結果の記述にあたっては、逸話を含めながら、参加者の生活や行動の変容をできるだけ客観的に示すことが望ましい。なお、実践担当者以外の関係者から捉えた指導・支援に関する評価（社会的妥当性）などが示されていると、指導・支援の成果を総合的に捉えることができる。

Ⅳ. 考察

指導や支援の効果について、論理的に考察する。考察の展開にあたっては、冒頭に、実践において何を目的としたのか、またその目的は達成されたかどうかを端的に示す。次に、指導・支援の経過を踏まえて、生活や行動の変容をもたらした働きかけを指摘するとともに、先行研究と比較しながら、それらの働きかけが効果的であった要因や、それらの効果を促進した要因について具体的に検討を加える。一方、生活や行動の変容が十分にみられなかった実践でも、今後の手がかりとなる重要な知見が含まれている可能性がある。そのときは、計画した働きかけが有効に機能しなかった要因や、変容を阻害した要因について具体的に述べる。最後に、対象者の将来予測と今後の支援指針について、更に技法・体制・制度への提言も期待される。

【文献の記載の仕方】

「投稿規程」に従って記述する。

編集後記

　年を二跨ぎした感染症災害の禍中、18巻第2号では、実践研究4篇、実践報告4篇、資料2篇と、グッドな方の「最多」タイ10篇を掲載することができました。いずれも有益な実践内容ばかりなので、一日も早くCOVID-19の予防対策が解かれ、会員の皆さんの現場で思う存分に活用できる日常の到来を願ってやみません。

　教育や療育場面での個別指導による単一事例研究が多いのは従来どおりですが、それぞれの論文を読んでいくと、自閉スペクトラム症のある子どもたちが何らかの新しいスキルを獲得していく。その支援の際に、彼らのもつ障害特性や行動上の問題が密接に絡み合っている点がポイントですね。さらに、保育所や特別支援学校の職員研修における有効なプログラムやその効果を検討した研究2篇、発達障害に特化した自動車教習所の教習データの分析、あるいはNPO法人主催の支援合宿を活用した介入プログラムの試行についてなど、興味深い論文4篇も含まれています。

　最後に、昨年度は研究大会の中止もあって、現在、本誌への論文投稿は貴重な研究発表の場となっています。副編集委員長の最終の1年、この事態をしっかりと自覚して取り組んでいきたいと思いますので、よろしくお願い致します。

（近藤裕彦）

「自閉症スペクトラム研究」編集委員会

　　　本論文集に掲載された著作物の転載およびデータベースへの取り込み等に関して
は、そのつど事前に本学会に許諾を求めてください。また本誌および本学会に関す
るお問い合わせや入会の申し込み等も、下記までお願いいたします。

日本自閉症スペクトラム学会事務局
〒 273-0866　千葉県船橋市夏見台 3-15-18
電話 047-430-2010　FAX 047-430-2019
E-mail　shikaku@autistic-spectrum.jp

自閉症スペクトラム研究　第 18 巻　第 2 号

2021 年（令和 3 年）2 月 28 日発行

編集者「自閉症スペクトラム研究」編集委員会
代表者　井上　雅彦

発行者　日本自閉症スペクトラム学会
代表者　市川　宏伸

制　作　株式会社　金剛出版